육 조 단 경

김현준 역

효림

편역자 김현준 金鉉埈

동국대학교 대학원에서 불교학을 전공하고, 한국학중앙연구원에서 한국불교를 연구하였으며, 우리문화연구원 원장, 성보문화재연구원 원장을 역임하였다. 현재 불교신행연구원 원장, 월간 「법공양」 발행인 겸 편집인, 효림출판사와 새벽숲출판사의 주필 및 고문으로 활동하고 있다.

저서로는 『참회와 사랑의 기도법』·『기도성취 백팔문답』·『광명진언 기도법』·『신묘장구대다라니 기도법』·『참회·참회기도법』·『불자의 자녀사랑 기도법』·『미타신앙·미타기도법』·『관음신앙·관음기도법』·『화엄경 약찬게 풀이』·『생활 속의 반야심경』 등 30여 종을 비롯하여, 불자들의 신행을 돕는 사경집 20여 종이 있으며, 번역서로는 『법화경』·『원각경』·『지장경』·『유마경』·『약사경』·『승만경』·『무량수경』·『보현행원품』·『자비도량참법』·『선가귀감』 등 10여 종이 있다.

육조단경 六祖壇經

초 판 1쇄 펴낸날 2016년 4월 15일(초판 4쇄 발행)
개정판 1쇄 펴낸날 2021년 12월 1일
        3쇄 펴낸날 2024년 7월 26일

편역자 김현준
펴낸이 김연지
펴낸곳 효림출판사

등록일 1992년 1월 13일(제2-1305호)
주 소 서울시 서초구 반포대로14길 30, 907호 (서초동, 센츄리Ⅰ)
전 화 (02) 582~6612·587~6612
팩 스 (02) 586~9078
이메일 hyorim@nate.com

값 8,000원

※표지사진 : 중국 광동성 남화선사 육조대사 진신상

육조단경을 펴내면서

2003년, 하와이에 몇 달 머물러 있어야 할 인연이 생겼습니다. 그 기간 동안 할 의미 있는 일거리가 없을까 궁리를 하다가, 평소 즐겨 읽던 『육조단경』을 번역하면 참 좋겠다는 생각을 하였습니다. 그리고 하와이의 더위를 잊은 채, 법열을 느끼고 청량을 만끽하며 번역을 마쳤습니다.

하지만 이 소중한 법보를 함부로 발간할 수 없었기에 보고 또 보았고 새기고 또 새겼습니다. 그러다보니 번역한지 십수 년이 훌쩍 넘어버렸고, 올해 들어서서야 시절인연이 도래한듯하여 편집에 박차를 가하였습니다.

『법보단경法寶壇經』으로도 불리우고 있는 『육조단경』은 부처님이 아닌 고승의 설법집 중에서는 '경經'이라는 이름을 지니게 된 유일한 책입니다. 얼마나 내용이 좋고 존숭을 받았기에 감히 '경'이라 하였겠습니까? 이 하나만으로도 『육조단경』의 중요성과 사상성을 능히 짐작할 수 있을 것입니다.

이 번역본에서는 『육조단경』의 내용에 대해 주석을 붙이지 않았고, 저자인 육조 혜능대사慧能大師(638~713)의 생애에 대해서도 별도의 언급을 하지 않았습니다. 왜냐하면 『육조단경』에 대한 저의 설명 자

체가 토끼의 뿔과 거북의 털을 만들어내는 격이 되기 때문이요, 『육조단경』속에 혜능대사의 행적이 고스란히 나타나 있기 때문입니다. 다만 이 책을 읽는 분들에게 참고가 될 몇 가지 사항을 지금 밝히고자 합니다.

『육조단경』은 돈황본敦煌本·대승사본大乘寺本·흥성사본興聖寺本·덕이본德異本·종보본宗寶本 등의 다섯 가지 종류가 있습니다. 이 가운데 돈황본이 가장 오래되었다고는 하나, 돈황의 막고굴 속에 있어 유통되지 못하였고, 내용 또한 매우 간략하여 우리가 알고 있는 육조대사에 관한 내용이 많이 빠져 있습니다.

우리나라에서는 예부터 고균古筠 덕이선사德異禪師가 편찬한 덕이본만이 간행되어 널리 읽혔는데, 고려의 보조국사 또한 이 덕이본을 읽다가 오도悟道를 하셨습니다.

이 덕이본은 현재 남아있는 다섯 종류의 『육조단경』 중 내용이 가장 풍부하고 재미있고 가르침이 명백합니다. 그런데 요즈음에 이르러서는 이 덕이본이 현대에 와서 발견된 돈황본에 밀려, 제대로 유통이 되지 않고 있습니다. 어찌 안타까운 일이 아니겠습니까?

하여 덕이본을 택하여 새로운 번역을 시도하였습니다. 그리고 불자들이 쉽게 읽을 수 있도록 번역하되, 게송과 아주 중요하고 되새겨야 할 부분에는 점선을 치고 한문 원문을 부기하였습니다. 공부를 제대로 하고자 하는 분이라면 이 부분을 여러 번 읽는 것이 좋으리라 생각되며, 법회 때 『육조단경』을 인용하고자 하는 법사님들께도 도움이 될 것입니다.

또한 원래의 덕이본 육조단경에는 제1에서 제10까지의 열 가지 큰 제목만 있는데, 읽는 분들의 이해를 돕기 위해 고딕체로 소제목들을 붙여 놓았습니다. 참고하시기 바랍니다.

중국 및 우리나라의 선불교를 이해하는데 으뜸이 되는 『육조단경』. 선이 무엇이고 선종의 근본 가르침이 무엇인가를 알고자 한다면 이 『육조단경』을 깊이있게 탐구하는 것이 꼭 필요합니다.

그리고 이 『육조단경』을 『금강경』·『지장경』 등의 공덕경들처럼 늘 곁에 두고 읽기를 권하여 봅니다. 이 단경을 늘 읽으면 자성自性을 개발하여 대자유와 대평화의 세계로 나아갈 수 있게 할 뿐 아니라, 다른 공덕경들을 읽는 것과 조금도 다를 바 없는 가피가 임하게 됩니다.

부디 이 『육조단경』을 거듭 읽고 잘 정독하시어 숨어있는 영성靈性을 일깨우고, 진정한 대자유인이 되시기를 두 손 모아 축원드립니다.

불기 2560년 1월 17일 성도재일에

金 鉉 埈 합장

증보개정판을 내면서

2016년에 초판 육조단경을 내자 많은 분들께서 격려를 해주셨습니다. 그리고 5년 남짓이 지났는데, 초판본에서 아주 중요하다고 생각되는 부분의 한자 원문을 삽입한 것이 그동안 마음이 자꾸 걸렸습니다. 왜냐하면 읽으면 읽을수록 모든 구절이 소중하다고 느껴졌기 때문입니다.

하여 과감히 증보개정판을 내면서, 한글 번역 옆에 원문을 모두 넣어 뜻을 보다 정확히 새길 수 있도록 하였고, 책 크기를 신국판에서 사육배판으로 키움과 동시에 글자크기도 조금 크게 하였으며, 글씨도 진하게 바꾸었습니다. 물론 명확하지 못하게 번역된 일부 내용도 명쾌하게 수정하였고….

하오나 어찌 미진함이 없겠습니까? 식견 깊은 분들의 경책 속에 계속 내용을 보완하고자 하오니 좋은 의견 많이 주시기를 청하여 봅니다.

이 증보개정판 발행에 도움을 주신 분들께 깊이 감사를 드리며, 늦게 본 손녀의 건강한 성장과 지혜로운 삶에 공덕을 회향하옵고, 이 육조단경을 보는 모든 이들이 불성을 보면서 깨달음을 열게 되기를 두 손 모아 축원드리옵니다.

불기 2565년 12월 1일

김현준 합장

제1 오법전의 悟法傳衣
법을 깨닫고 법의를 받다

1. 법을 청하다[請法]

대사께서 조계의 보림도량(寶林道場)에 이르렀을 때 소주자사 위거(韋據)가 관료들과 함께 입산하여, 대사께 대범사(大梵寺) 강당으로 나오시어 대중들을 위해 마하반야바라밀법(摩訶般若波羅蜜法)을 설하여 주시기를 청하였다.

時大師至寶林 韶州韋
刺史與官僚入山 請師於大梵寺講堂 爲衆開緣 說摩訶般若波羅蜜法

대사께서 법좌에 오르시니 자사와 관료 30여 명과 유가의 선비 30여 명, 비구와 비구니, 도인과 속인 1천여 명이 동시에 절을 하며 청법을 하였고, 이에 대사께서 이르셨다.

師升座次 刺史官僚三十餘人
儒宗學士三十餘人 僧尼道俗一千餘人 同時作禮 願聞法要 大師告曰

"선지식(善知識)이여
모두 마음을 깨끗이 하고 마하반야바라밀을 생각하

라."

총 정 심 염 마 하 반 야 바 라 밀
總淨心　念摩訶般若波羅蜜

대사께서 한참동안 묵묵히 계시다가〔良久〕다시 대중
에게 이르셨다.

대 사 양 구 부 고 중 왈
大師良久　復告衆曰

"선지식이여

선 지 식
善知識

보리자성이 본래 청정하니

보 리 자 성 본 래 청 정
菩提自性　本來淸淨

다만 이 마음을 쓰면 곧 성불하여 마치리라."

단 용 차 심 직 료 성 불
但用此心　直了成佛

2. 법을 얻다〔得法〕

오조를 뵙다〔五祖參禮〕

선지식이여, 들어라.

선 지 식 차 청
善知識　且聽

혜능의 행적과 법을 얻은 내력을 말하리라.

혜 능 행 유 득 법 사 의
慧能行由　得法事意

나의 아버지는 본관이 범양이다.

능 엄 부 본 관 범 양
能嚴父　本貫范陽

좌천되어 영남으로 와서 신주 사람이 되었으나, 불행
히도 아버지가 일찍 돌아가시고 늙은 어머니만 홀로
남게 되었느니라.

좌강유우영남 작신주백성 차신불행 부우조망 노모고유
左降流于嶺南 作新州百姓 此身不幸 父又早亡 老母孤遺

뒤에 남해(南海)로 와서 가난한 살림을 꾸리기 위해 나무를 하여 시장에 내다 팔았다.

후래남해 간신빈핍 어시매시
後來南海 艱辛貧乏 於市賣柴

하루는 어떤 손님이 나무를 사서 객점으로 옮기게 하기에 객점에 나무를 두고 돈을 받아 문밖으로 나오다가, 한 손님이 경을 읽는 소리를 들었느니라.

시유일객
時有一客
매시 사령송지객점 객수거 능득전 각출문외 견일객송경 능일문경
賣柴 使令送至客店 客收去 能得錢 却出門外 見一客誦經 能一聞經

"마땅히 머무르는 바 없이 그 마음을 낼지니라."

응무소주이생기심
應無所住而生其心

이에 마음이 열리고 깨달음을 얻어 물었느니라.

심즉개오 수문
心卽開悟 遂問

"손님께서는 무슨 경을 외우고 있습니까?"

객송하경
客誦何經

"금강경입니다."

금강경
金剛經

"그 경을 어디에서 얻었습니까?"

종하소래 지차경전
從何所來 持此經典

"나는 기주 황매현(黃梅縣)의 동선사(東禪寺)에서 오는 길인데, 그 절에는 오조 홍인(五祖 弘忍) 대사께서 교화며 계시고, 문인이 천여 명이나 됩니다.

종기주황매현동선사래 기사 시오조인대사 재피주화 문인일천유여
從蘄州黃梅縣東禪寺來 其寺 是五祖忍大師 在彼主化 門人一千有餘

나는 그곳에 가서 예배한 다음 이 경을 듣고 받아왔습니다.

아도피중 예배청수차경
我到彼中 禮拜聽受此經

오조대사께서는 늘 승속들에게 '다만 금강경을 수지

하면 스스로 견성하여 곧바로 성불한다'고 권하십니다."

<ruby>大師<rt>대사</rt></ruby> <ruby>常勸僧俗<rt>상권승속</rt></ruby> <ruby>但持金剛經<rt>단지금강경</rt></ruby> <ruby>卽自見性<rt>즉자견성</rt></ruby> <ruby>直了成佛<rt>직료성불</rt></ruby>

니는 이 말을 듣고 숙세의 인연이 있음을 느꼈느니라.

<ruby>能聞說<rt>능문설</rt></ruby> <ruby>宿昔有緣<rt>숙석유연</rt></ruby>

그때 또 다른 손님 한 분이 은 10냥을 주면서 말하였느니라.

<ruby>乃蒙一客<rt>내몽일객</rt></ruby> <ruby>取銀十兩與能<rt>취은십냥여능</rt></ruby>

"노모의 옷과 양식을 넉넉히 마련한 다음 황매현으로 가서 오조께 예배하라." <ruby>令充老母衣糧<rt>영충노모의양</rt></ruby> <ruby>敎便往黃梅<rt>교변왕황매</rt></ruby> <ruby>禮拜五祖<rt>예배오조</rt></ruby>

나는 어머니께서 편히 계실 수 있게 준비를 한 다음, 집을 떠나 30여 일이 채 못되었을 때 황매에 다달아 오조께 예배하니 오조께서 물었느니라.

<ruby>能<rt>능</rt></ruby> <ruby>安置母畢<rt>안치모필</rt></ruby> <ruby>卽便辭親<rt>즉변사친</rt></ruby> <ruby>不經三十餘日<rt>불경삼십여일</rt></ruby> <ruby>便至黃梅<rt>변지황매</rt></ruby> <ruby>禮拜五祖<rt>예배오조</rt></ruby> <ruby>問能曰<rt>문능왈</rt></ruby>

"너는 어느 지방 사람이며, 무엇을 구하고자 하느냐?"

<ruby>汝何方人<rt>여하방인</rt></ruby> <ruby>欲求何物<rt>욕구하물</rt></ruby>

"저는 영남의 신주에 사는 백성입니다. 멀리 와서 스님께 예배드림은 오직 부처됨을 구할 뿐 다른 것을 구하고자 함이 아니옵니다."

<ruby>弟子<rt>제자</rt></ruby> <ruby>是嶺南新州百姓<rt>시영남신주백성</rt></ruby> <ruby>遠來禮師<rt>원래례사</rt></ruby> <ruby>唯求作佛<rt>유구작불</rt></ruby> <ruby>不求餘物<rt>불구여물</rt></ruby>

"네가 영남사람이면 남쪽 오랑캐인데, 어떻게 감히 부처가 되겠다는 것이냐?" <ruby>汝是嶺南人<rt>여시영남인</rt></ruby> <ruby>又是獦獠<rt>우시갈료</rt></ruby> <ruby>若爲堪作佛<rt>약위감작불</rt></ruby>

오조의 말씀에 나는 대답하였느니라.

<ruby>能曰<rt>능왈</rt></ruby>

"사람에게는 비록 남과 북이 있지만 불성에는 본래 남북이 없으며
인수유남북 불성본무남북
人雖有南北 佛性本無南北

오랑캐의 몸은 스님의 몸과 같지 않사오나 불성에 어찌 차별이 있으오리까?"
갈료신여화상부동 불성유하차별
獦獠身與和尚不同 佛性有何差別

오조께서 다시 말씀을 하고자 하시다가 대중들이 좌우에 있음을 보고 '대중을 따라 일이나 하라' 이르시기에 거듭 여쭈었느니라.
조갱욕여어 차견도중 총재좌우 내령수중작무 여왈
祖更欲與語 且見徒衆 總在左右 乃令隨衆作務 予曰

"혜능이 스님께 아뢰옵니다. 제자는 스스로의 마음이 항상 지혜를 내어 자성을 여의지 않는 것이 곧 복전이라 아옵는데 다시 어떠한 일을 하라 하시옵니까?"
혜능계화상 제자 자심상생지혜 불리자성 즉시복전 미심화상 교작하무
慧能啓和尚 弟子 自心常生智慧 不離自性 卽是福田 未審和尚 敎作何務

"이 오랑캐의 근성이 너무 날카롭구나. 더 말하지 말고 방앗간으로 가거라."
저갈료 근성태리 여갱물언 착조창거
這獦獠 根性太利 汝更勿言 着槽廠去

내가 오조 앞에서 물러나와 후원에 이르니, 한 행자가 나무를 하고 방아를 찧는 일을 시켰느니라.
능 퇴지후원 유일행자 차능 파시답대
能 退至後院 有一行者 差能 破柴踏碓

그로부터 여덟 달 남짓이 지난 어느 날, 오조께서 오시어 이르셨느니라.
경팔여월 조일일견능왈
經八與月 祖一日見能曰

"내 너의 견해가 쓸만하다고 여겼으나, 악한 사람들이 해칠까 염려하여 너와 더불어 이야기를 하지 않고 있

다는 것을 아느냐?"

오사여지견가용 공유악인해여 수불여여언 지지부
吾思汝之見可用 恐有惡人害汝 遂不與汝言 知之否

"제자 또한 스님의 뜻을 짐작하기에, 감히 스님 계신
당 앞에 가지도 않고, 사람들이 알아차리지도 못하게
하고 있나이다."

제자역지사의 불감행지당전 영인불각
弟子亦知師意 不敢行至堂前 令人不覺

신수와 육조의 게송

하루는 오조께서 모든 문인들을 모은 다음 이르셨느
니라.

조일일 환제문인총래
祖一日 喚諸門人總來

"내 너희에게 설하리라.

오향여설
吾向汝說

세상 사람에게는 생사의 일이 가장 크건만, 너희는 종
일토록 복전(福田)만 구하고 생사고해(生死苦海)에서 벗어날 생각을
않는구나.

세인 생사사대 여등종일지구복전 불구출리생사고해
世人 生死事大 汝等終日只求福田 不求出離生死苦海

자성을 알지 못하는데 복으로 생사를 어떻게 벗어나
랴.

자성약미 복하가구
自性若迷 福何可救

너희는 스스로의 지혜를 살펴 자기의 본심인 반야(般若)의
성품으로 게송 하나씩을 지어서 나에게 가져오너라.

여등각거 자간지혜 취자본심반야지성 각작일게 내정오간
汝等各去 自看智慧 取自本心般若之性 各作一偈 來呈吾看

만약 대의(大意)를 깨친 사람이 있으면 법의(法衣)와 법(法)을 전하여
제육대조(第六代祖)로 삼으리라.

약오대의 부여의법 위제육대조
若悟大意 付汝衣法 爲第六代祖

지체하지 말고 화급히 거행하라.
火急速去 不得遲滯

생각으로 헤아리면 곧 어긋난다.
思量卽不中用

견성한 사람은 모름지기 말이 떨어지자마자 보나니
見性之人 言下須見

이와 같은 이는 칼을 휘두르며 싸우는 적진 속에서도 능히 볼 수 있느니라."
若如此者 輪刀上陳 亦得見之

지시를 받고 물러나온 대중들은 대화를 나누었느니라.
衆得處分 退而遞相謂曰

"우리는 모름지기 마음을 증득하지 못하였다. 힘써 게송을 지어 화상께 바친들 무슨 이익이 있으랴.
我等衆人 不須澄心 用意作偈 將呈和尙 有何所益

상좌이신 신수가 현재 교수사로 계시니, 반드시 그 분이 법을 얻을 것이다. 우리가 무엇하러 공연히 게송을 지을 것인가?"
神秀上座 現爲敎授師 必是他得 我輩謾作偈頌

이러한 대화 끝에 대중은 모든 생각을 쉬고 말했느니라.
諸人聞語 總皆息心 咸言

"우리는 앞으로 신수대사를 의지하게 될 것이다. 어찌 번거로이 게송을 지으리!"
我等 已後依止神秀 何煩作偈

이에 신수는 생각하였느니라.
神秀思惟

'모든 대중이 게송을 짓지 않는 까닭은 내가 저들의 교수사이기 때문이니, 내가 게송을 지어 화상께 바칠 수 밖

에 없다.　諸人不呈偈者 爲我與他 爲教授師 我須作偈 將呈和尚

그리고 내가 게송을 바치지 않는다면 화상께서 어떻게 내 마음 속 견해의 깊고 얕음을 아시랴.

若不呈偈 和尚 如何知我心中見解深淺

만약 내가 게송을 바치려는 뜻이 법을 구하는 데 있다면 옳은 일이나 조사의 자리를 구하는 데 있다면 옳지 않은 일이니

我呈偈意 求法卽善 覓祖卽惡

범부의 마음으로 성인의 자리를 빼앗으려는 것과 어찌 다르겠는가.

却同凡心 奪其聖位 奚別

그렇다고 게송을 바치지 않으면 마침내 법을 얻지 못할 것이니

若不呈偈 終不得法

참으로 어렵고 또 어렵구나.'

大難大難

오조당 앞에는 3칸의 복도 벽이 있는데, 마침 화공인 노진을 시켜 능가경변상도와 오조혈맥도를 그리게 하여 대대로 공양하게 하려 할 때였다.

五祖堂前

有步廊三間 擬請供奉盧珍 畫楞伽經變相圖 及五祖血脈圖 流傳供養

신수는 게송을 지어 화상께 바치고자 여러 차례 오조당 앞까지 갔으나 마음이 어지럽고 온몸에 땀이 흘러 바치지를 못하고 되돌아 왔느니라.

神秀 作偈成已 數度欲呈 行至堂前 心中恍惚 徧體汗流 擬呈不得

이러기를 전후 4일 동안 13차례나 오고 갔으나 게송

을 바치지 못하다가 드디어 결심을 하였느니라.

전후경사일 일십삼도 정게부득 수내사유
前後經四日 一十三度 呈偈不得 秀乃思惟

'이럴 것이 아니다. 복도 벽에 게송을 써놓으면 화상
께서 보시게 될 것이다.

불여 향랑하서착 종타화상간견
不如 向廊下書着 從他和尚看見

만약 화상께서 좋다고 하시면 곧 나아가 예배드리고
내가 지었음을 말씀드리리라.

홀약도호 즉출예배 운시수작
忽若道好 卽出禮拜 云是秀作

만약 마땅하지 못하다고 이르시면 산중에서 수년 동
안 남의 예배만 받은 것일뿐 무슨 도를 닦았다 하리.'

약도불감 왕향산중 수년수인예배 갱수하도
若道不堪 往向山中 數年受人禮拜 更修何道

신수는 그날 밤 삼경에 아무도 없는 틈을 타서 스스
로 등을 들고 복도 남쪽 벽에 자기 마음의 견해를 나
타내는 게송을 썼느니라.

시야삼경 불사인지 자집등 서게어남랑벽간 정심소견
是夜三更 不使人知 自執燈 書偈於南廊壁間 呈心所見

몸은 바로 보리의 나무요
신시보리수
身是菩提樹

마음은 명경대와 같도다
심여명경대
心如明鏡臺

때때로 부지런히 털고 닦아
시시근불식
時時勤拂拭

티끌이 묻지 않게 하라
물사야진애
勿使惹塵埃

신수는 게송을 쓰기 바쁘게 방으로 돌아왔는데, 어느
누구도 알지 못하였다.

수서게료 변각귀방 인총부지
秀書偈了 便却歸房 人總不知

신수는 다시 생각을 하였느니라.

'날이 밝아 오조께서 게송을 보고 기뻐하시면 내가 법과 더불어 인연이 있음이요 ^{오 조 명 일} ^{견 게 환 희} ^{즉 아 여 법 유 연}五祖明日 見偈歡喜 卽我與法有緣

그렇지 못하다면 스스로가 미혹하고 숙세의 업장이 두터워서 법을 얻지 못함이리니 ^{약 언 불 감} ^{자 시 아 미} ^{숙 업 장 중} ^{불 합 득 법}若言不堪 自是我迷 宿業障重 不合得法

성인의 뜻을 짐작할 수 없구나.' ^{성 의 난 측}聖意難側

이렇게 방에서 이것 저것을 생각하며 불안하게 앉았다 누웠다 하는 동안에 시각은 오경(새벽4시 전후)에 이르렀느니라. ^{방 중 사 상} ^{좌 와 불 안} ^{직 지 오 경}房中思想 坐臥不安 直至五更

그러나 오조께서는 이미 신수가 자성을 보지 못하여 아직 문 안에 들어서지 못했음을 알고 계셨느니라. ^{조 이 지 신 수} ^{입 문 미 득} ^{불 견 자 성}祖 已知神秀 入門未得 不見自性

날이 밝자 오조께서는 그림을 그리게 하고자 화공 노진을 불러 함께 남쪽 복도로 갔다가 신수의 게송을 발견하고 노진에게 이르셨느니라. ^{천 명 조} ^{환 로 공 봉 래} ^{향 남 랑 벽 간} ^{회 화 도 상} ^{홀 견 기 게} ^{보 언 공 봉}天明祖 喚盧供奉來 向南廊壁間 繪畫圖相 忽見其偈 報言供奉

"그림을 그릴 필요가 없을 듯하구나. 먼 길을 오게 하여 너만 수고롭게 하였다. ^{각 불 용 화} ^{노 이 원 래}却不用畫 勞爾遠來

경에 이르기를, '무릇 모양있는 바가 모두 허망하다' 하였으니 ^{경 운} ^{범 소 유 상} ^{개 시 허 망}經云 凡所有相 皆是虛妄

오직 이 게송만을 남겨두어 사람들로 하여금 외우고 지니게 하리라.
但留此偈 與人誦持
단 류 차 게 여 인 송 지

이 게송에 의지하여 닦으면 악도(惡道)에 떨어지지 않을뿐더러 큰 이익이 있느니라.”
依此偈修 免墮惡道 有大利益
의 차 게 수 면 타 악 도 유 대 이 익

그리고 문인들로 하여금 게송 앞에 향을 피워 예경하게 하고 또 이르셨느니라.
令門人 炷香禮經
영 문 인 주 향 예 경

“이 게송을 외우면 견성할 수 있다.”
盡誦此偈 卽得見性
진 송 차 게 게 즉 득 견 성

문인들이 게송을 외우며 모두 '훌륭하다'고 찬탄하였는데
門人誦偈 皆歡善哉
문 인 송 게 개 환 선 재

오조께서는 그날 삼경에 신수를 당(堂)으로 불러 물었느니라.
祖 三更喚秀入堂 問曰
조 삼 경 환 수 입 당 문 왈

“저 게송을 네가 지었느냐?”
偈是汝作否
게 시 여 작 부

“예, 틀림없이 이 신수가 지었으나 감히 조사(祖師)의 자리를 망령되이 구하고자 하는 것은 아니오니, 화상께서는 자비로 살펴주소서.
實是秀作 不敢妄求祖位 望和尚慈悲看
실 시 수 작 불 감 망 구 조 위 망 화 상 자 비 간

제자에게 작은 지혜라도 있나이까?”
弟子 有少智慧否
제 자 유 소 지 혜 부

조사께서 이르셨느니라.
祖曰
조 왈

“네가 게송을 이와 같이 지은 것은 아직 본성을 보지 못한 때문이다.
汝作此偈 未見本性
여 작 차 게 미 견 본 성

다만 문 앞까지 이르렀을 뿐, 문 안으로 들어오지는 못하였나니
只到門外 未入門內
지 도 문 외 미 입 문 내

이와 같은 견해로 무상보리(無上菩提)를 찾으려 한다면 마침내 얻지 못할 것이다.

如此見解 覓無上菩提 了不可得
여차견해 멱무상보리 요불가득

무상보리는 모름지기 말이 떨어지자마자 자기 본심을 알아서

無上菩提 須得言下 識自本心
무상보리 수득언하 식자본심

자기의 본성이 불생불멸(不生不滅)임을 보고

見自本性 不生不滅
견자본성 불생불멸

어느 때든지 생각들이 만법(萬法)과 막힘이 없음을 스스로 볼 수 있어야 하느니라.

於一切時中 念念自見萬法無滯
어일체시중 염념자견만법무체

곧 하나가 참됨이 일체의 참됨이요

一眞一切眞
일진일체진

모든 경계가 스스로 한결같나니

萬境自如如
만경자여여

이 한결같은 마음이 바로 진실이니라.

如如之心 卽是眞實
여여지심 즉시진실

만약 이와 같이 보게 되면 곧 '무상보리(無上菩提)의 자성(自性)'이라 하느니라.

若如是見 卽是無上菩提自性也
약여시견 즉시무상보리자성야

너는 돌아가서 하루 이틀 더 생각한 다음에 다시 게송을 지어 나에게 가져오너라.

汝且去 一兩日思惟 更作一偈 將來吾看
여차거 일양일사유 갱작일게 장래오간

너의 게송이 문 안으로 들어선 이의 것이라면 법의(法衣)와 법(法)을 너에게 주리라."

汝偈若入得門 付汝法衣
여게약입득문 부여법의

신수는 예배하고 나왔으나 수일이 지나도록 게송을 짓지 못하였다.

神秀 作禮而出 又經數日 作偈不成
신수 작례이출 우경수일 작게불성

오히려 심중이 혼란하고 심사가 불안하여 마치 꿈을 꾸고 있는 듯하였으며, 앉으나 서나 편하지 않았느니

라.

심중황홀　신사불안　유여몽중　행좌불락
心中恍惚　神思不安　猶如夢中　行坐不樂

다시 이틀이 지났을 때 한 동자가 방앗간 옆을 지나가며 신수의 게송을 외웠느니라.

부양일　유일동자　어대방과　창송기게
復兩日　有一童子　於碓坊過　唱頌其偈

나는 한 번 듣고 아직 본성을 보지 못한 게송임을 알았으니

能一聞　便知此偈　未見本性

비록 조사의 가르침을 받지는 못하였으나 대의는 이미 짐작하고 있었다.

雖未蒙教授　早識大意

마침내 나는 동자에게 물었느니라.

遂問童子曰

"지금 외우는 것이 무슨 게송이오?"

誦者何偈

"이 오랑캐여, 아직도 모르십니까?

爾這獦獠不知

대사께서 '세상 사람에게는 생사의 일이 크다. 법의와 법을 전하고자 하니 문인들은 게송을 지어 오너라. 만일 대의를 깨쳤으면 곧 법의와 법을 전하여 제육조로 삼으리라' 하셨습니다.

大師言　世人生死

사대　욕득전부의법　영문인　작게래간　약오대의　즉부의법　위제육조
事大　欲得傳付衣法　令門人　作偈來看　若悟大意　卽付衣法　爲第六祖

이에 신수 상좌가 남쪽 복도 벽 위에 이 무상게를 써 놓았지요.

神秀上座　於南廊壁上　書無相偈

대사께서는 사람들에게, '모두 이 게송을 외워라. 이 게송에 의지하여 닦으면 악도에 떨어짐을 면한다'고 하셨습니다."

대사령인　개송차게　의차게수　면타악도
大師令人　皆誦此偈　依此偈修　免墮惡道

제1 오법전의 悟法傳衣 · 25

내가 말하였도다.

能曰

"나도 그 게송을 외워 내생의 인연을 맺고 함께 불국토에 나고자 합니다.

我亦要誦此 結來生緣 同生佛地

동자승이여, 내가 이 방아를 찧은 지 8개월이 넘었건만 아직까지 조사당 앞에 가보지를 못하였소.

上人 我此踏碓 八箇餘月 未曾行到堂前

청컨대 스님이 그 게송 있는 곳으로 인도하여 주시면 나도 예배를 드리리다."

望上人 引至偈前禮拜

동자가 나를 게송 앞으로 인도하여 예배하게 하기에 다시 부탁을 하였느니라.

童子 引至偈前作禮 能曰

"나는 문자를 알지 못합니다. 스님이 읽어 주십시오."

能不識字 請上人爲讀

때마침 강주에서 별가 벼슬을 하는 이가 와 있었는데, 성은 장씨요 이름은 일용이라 하였다.

時有江州別駕 姓張 名日用

그가 큰 소리로 읽어주기에 다 듣고 나서 청했느니라.

便高聲讀 能聞已 因自言

"저도 게송을 짓고자 합니다. 바라옵건대 별가께서 써 주시겠습니까?"

亦有一偈 望別駕爲書

"오랑캐인 그대가 게송을 짓겠다니! 이 또한 드문 일이로다."

獦獠汝亦作偈 其事希有

나는 별가에게 말했느니라. 能啓別駕言
"무상보리를 배우고자 할진대는 초학자를 업신여겨서는 안됩니다. 欲學無上菩提 不得輕於初學
아주 낮은 이에게도 아주 높은 지혜가 있고, 아주 높은 이도 지혜롭지 못할 수가 있습니다. 下下人有上上智 上上人有沒意智
사람을 업신여기는 것은 한량없고 가없는 죄가 됩니다." 若輕人 卽有無量無邊罪
이에 별가가 말하였다. 別駕言
"그대는 게송을 외우시오. 내 그대를 위해 써드리리다. 그대가 법을 얻게 되면 먼저 나부터 제도하여 주시오. 이 말 잊지 마시구려." 汝但誦偈 吾爲汝書 汝若得法 先須度吾 勿忘此言
나는 게송을 읊었느니라. 能偈曰

보리에는 본래 나무가 없고 　菩提本無樹
밝은 거울 또한 받침대가 없네 　明鏡亦非臺
본래부터 한 물건도 없거늘 　本來無一物
어디에서 티끌이 일어날건가 　何處惹塵埃

이 게송을 써서 마치자 대중들 모두가 놀라고 감탄하

고 의아해하면서 서로 말했느니라.

서차게이 도중총경 무불차아 각상위언
書此偈已 徒衆總驚 無不嗟訝 各相謂言

"기이하도다. 겉모습만으로는 사람을 알 수 없구나.
어찌 우리가 오랫동안 저 육신보살을 부렸던고?"

육 신 보 살
肉身菩薩

기 재 부 득 이 모 취 인 하 득 다 시 사 타 육 신 보 살
寄哉 不得以貌取人 何得多時 使他肉身菩薩

오조께서는 모든 대중이 놀라고 괴이하게 여기는 것
을 보시고 사람들이 해칠까 염려하여 게송을 신발로
문질러 지워버리고는 이르셨느니라.

조 견 중 인 경 괴 공 인 손 해 수 장 혜 찰 료 게 운
祖見衆人驚怪 恐人損害 遂將鞋 擦了偈云

"이 또한 견성하지 못한 게송이다."

역 미 견 성
亦未見性

이에 대중들이 비로소 의심을 쉬었느니라.

중 인 의 식
衆人疑息

법을 받다

이튿날 오조께서 남몰래 방앗간에 이르러 등에 돌을
지고 방아를 찧고 있는 나를 보고 말씀하셨느니라.

차 일 조 잠 지 대 방 견 능 요 석 용 미 어 왈
次日 祖潛至碓坊 見能腰石舂米 語曰

"도를 구하는 사람이 법을 위해 몸을 잊음은 마땅히
이와 같아야 하느니라.

구 도 지 인 위 법 망 구 당 여 시 호
求道之人 爲法忘軀 當如是乎

그래, 쌀은 다 찧었느냐?"

미 숙 야 미
米熟也未

"예, 쌀은 다 찧었습니다만 아직 체질은 하지 못하였

나이다."

米熟久矣 猶欠篩在
_{미 숙 구 의} _{유 흠 사 재}

그때 오조께서는 주장자로 방아를 세 번 치고 나가셨
으며

祖以杖 擊碓三下而去
_{조 이 장} _{격 대 삼 하 이 거}

나는 곧 조사의 뜻을 알고 삼경에 조사당으로 들어
갔느니라.

能卽會祖意 三鼓入室
_{능 즉 회 조 의} _{삼 고 입 실}

오조께서는 가사로 주위를 가려 사람들이 보지 못하
게 하고 금강경을 설하여 주셨는데

祖以袈裟遮圍 不令人見 爲說金剛經
_{조 이 가 사 차 위} _{불 령 인 견} _{위 설 금 강 경}

'마땅히 머무르는 바 없이 그 마음을 낼지니라'라는
구절에 이르렀을 때

應無所住而生其心
_{응 무 소 주 이 생 기 심}

'일체 만법이 자성을 여의지 않았음을 대오하고' 마침
내 오조께 말씀드렸느니라.

能言下 大悟 一切萬法 不離自性 遂啓祖言
_{능 언 하} _{대 오} _{일 체 만 법} _{불 리 자 성} _{수 계 조 언}

자성이 본래 청정함을 어찌 기대하였으리　何期自性本自淸淨
_{하 기 자 성 본 자 청 정}

자성이 본래 생멸 않음을 어찌 기대하였으리　何期自性本不生滅
_{하 기 자 성 본 불 생 멸}

자성이 본래 구족됨을 어찌 기대하였으리　何期自性本自具足
_{하 기 자 성 본 자 구 족}

자성이 본래 동요 없음을 어찌 기대하였으리　何期自性本無動搖
_{하 기 자 성 본 무 동 요}

자성이 능히 만법을 냄을 어찌 기대하였으리　何期自性能生萬法
_{하 기 자 성 능 생 만 법}

오조께서는 본성을 깨달았음을 아시고 곧 '장부요 천
_{丈 夫} _天

인사요 불'이라 하셨도다. 祖知悟本性 卽名丈夫天人師佛

이렇게 3경에 법을 받으니 아무도 알지를 못하였는데 三更受法 人盡不知

오조께서 돈교와 의발을 전해주며 이르셨느니라. 便傳頓敎及衣鉢云

"그대를 제육대조로 삼으니 스스로 잘 호념하여 널리 중생을 제도하고 미래에까지 유포하여 끊어짐이 없게 하라. 汝爲第六代祖 善自護念 廣度有情 流布將來 無令斷絶

나의 게송을 들어라." 聽吾偈

유정이 와서 종자를 심으면 有情來下種

인의 땅에 도리어 과가 생기나 因地果還生

무정은 이미 종자가 없는지라 無情旣無種

성품도 없고 생겨남도 없느니라 無性亦無生

오조께서는 다시 이르셨느니라. 祖復曰

"옛날 달마대사께서 처음 이 땅에 오셨을 때는 사람들이 믿지 못하였으므로 昔達磨大師 初來此土 人未之信故

이 가사를 전하는 것으로 믿음의 체[信體]를 삼아 대대로 서로 이어왔지만 傳此衣 以爲信體 代代相承

법이란 곧 마음에서 마음으로 전하여 法則以心傳心

누구나 스스로 깨닫고 스스로 알게 하는 것이니라.

개령자오자해
皆令自悟自解

예로부터 이전 부처님에서 다음 부처님으로 오직 이 본체를 전하였고

자고 불불유전본체
自古 佛佛唯傳本體

조사와 조사가 서로 은밀히 부촉한 것도 바로 이 본 심이니라.

사사밀부본심
師師密付本心

법의는 다툼의 실마리가 되나니

法衣
의위쟁단
衣爲爭端

너에게서 그치고 앞으로는 전하지 말라.

지여물전
止汝勿傳

만약 이 옷을 전하게 되면

약전차의
若傳此衣

목숨이 실에 매달린 것과 같게 되리라.

명여현사
命如懸絲

이제 어서 빨리 떠나거라.

여수속거
汝須速去

사람들이 너를 해칠까 두렵구나."

공인해여
恐人害汝

"어느 곳을 향하여 가오리까?"

향심처거
向甚處去

"회를 만나면 머물고

懷

봉회즉지
逢懷則止

회를 만나면 숨도록 하여라."

會

우회즉장
遇會則藏

나는 삼경에 의발을 받아 들고 여쭈었느니라.

혜능 삼경령득의발운
惠能 三更領得依鉢云

"제자는 본래 남중 사람이라 이곳의 산길을 알지 못합니다. 어떻게 하면 강이 있는 곳으로 갈 수 있나이까?"

南 中

능본시남중인 구부지차산로 여하출득강구
能本是南中人 久不知此山路 如何出得江口

"너는 걱정할 것 없다. 내가 너를 전송하리라."

여 불 수 우　오 자 송 여
汝不須憂　吾自送汝

오조와 함께 곧바로 구강역(九江驛)으로 나아가자 때마침 배
가 한 척 있었으며

조 상 송　직 지 구 강 역 변　유 일 척 선 자
祖相送　直至九江驛邊　有一隻船子

오조께서는 나에게 '배에 오르라' 하시고는 친히 노를
잡고 저으셨느니라.

조 령 혜 능 상 선　오 조 파 로 자 요
祖令惠能上船　五祖把艣自搖

"청하오니 화상께서는 앉으십시오. 제자가 노를 젓는
것이 합당하옵니다."

청 화 상 좌　제 잡 합 요 로
請和尚坐　弟子合搖艣

"내가 너를 건네주는 것이 합당하니라."

합 시 오 도 여
合是吾渡汝

"미혹할 때는 스승님께서 건네주시려니와

미 시 사 도
迷時師度

깨친 다음에는 스스로 건너야 하옵니다.

오 요 자 도
悟了自度

'건넌다(度)'는 말은 하나이나

도 명 유 일
度名雖一

쓰이는 곳은 같지가 않습니다.

용 처 부 동
用處不同

혜능은 변방에서 태어나 말조차 바르게 못하였는데
스승님의 법을 받고 이미 깨쳤사오니

혜 능　생 재 변 방　어 음 부 정　몽 사 부 법　영 이 득 오
惠能　生在邊方　語音不正　蒙師付法　令已得悟

다만 자성으로 스스로 건너는 것이 맞을 것이옵니다."

지 합 자 성 자 도
只合自性自度

오조께서 이르셨느니라.

조 운
祖云

"그렇도다, 그러하도다.

여 시 여 시
如是如是

이후로 불법이 너로 인해 크게 유행하리라.

이 후 불 법　유 여 대 행
以後佛法　由汝大行

네가 가고 3년 뒤에 나는 세상을 떠날 것이다. 이제 잘 가거라.

여거삼년 오방서세 여령호거
汝去三年 吾方逝世 汝令好去

힘써 남쪽으로 향하되, 속히 설하려 하지 말아라. 법난이 일어나리라."

노력향남 불의속설 불법난기
努力向南 不宜速說 佛法難起

불사선不思善 불사악不思惡

나는 오조께 하직하고 발길을 남쪽으로 돌려 두 달 반만에 대유령에 이르렀고

능사조이 발족남행 양월중간 지대유령
能辭祖已 發足南行 兩月中間 至大庾嶺

되돌아 가신 오조께서 며칠동안 법당에 오르시지 않자 대중이 의심하여 여쭈었느니라.

오조귀 수일불상당 중의예문
五祖歸 數日不上堂 衆疑詣問

"화상이시여, 어디가 편찮으십니까?"

화상소병소뇌부
和尚少病少惱否

"병은 없다. 법의와 법이 남쪽으로 갔을 뿐이다."

병즉무 의법이남의
病卽無 衣法已南矣

"누구에게 전수하셨나이까?"

수인전수
雖人傳授

"능한 자가 얻었느니라."

능자득지
能者得之

대중은 곧 알아차리고 수백 명이 나를 뒤쫓았으니, 모두가 의발을 빼앗으려는 것이었느니라.

중내지언 축후수백인래 욕탈의발
衆乃知焉 逐後數百人來 欲奪衣鉢

그 가운데 속성이 진이요 이름이 혜명인 승려가 있었

는데, 4품 장군 출신으로 성질과 행동이 거칠고 사나
웠다.
一僧 俗姓陳 名惠明 先是四品將軍 性行麤慥

그는 힘을 다해 추적하여 다른 사람보다 먼저 나를
쫓아왔느니라.
極意參尋 爲衆人先 趁及於能

나는 의발을 바위 위에 내려놓고 말하였다.
能擲下衣鉢於石上云

"이 옷과 바루는 믿음의 표시이다. 어찌 힘으로 다툴
까보냐?"
此衣表信 可力爭耶

내가 수풀 속에 숨자, 혜명이 달려와 의발을 집으려
하였으나 움직이지를 않았으므로 소리쳤느니라.
能隱於草莽中 惠明至 提掇不動 乃喚云

"행자시여, 행자시여. 저는 법을 위해 왔을 뿐, 의발 때
문에 온 것이 아닙니다."
行者行者 我爲法來 不爲衣來

내가 바위 위로 나와 앉자 혜명이 예를 갖추고 말했
느니라.
能遂出 坐盤石上 惠明作禮云

"바라옵건대 행자시여, 저를 위해 법을 설하여 주소
서."
望行者 爲我說法

"그대가 정녕 법을 위해 왔다면 이제 모든 인연을 다
쉬어 한 생각도 내지 마십시오. 내 그대를 위해 설하
리다."
汝旣爲法而來 可屛息諸緣 勿生一念 吾爲汝說

그리고 한참을 묵묵히 있다가 혜명에게 말하였느니

라.　　　　　　　　　　　<ruby>良久<rt>양구</rt></ruby> <ruby>謂明曰<rt>위명왈</rt></ruby>

"선도 생각하지 말고 악도 생각하지 말라. 바로 이러한 때에 어떤 것이 혜명상좌의 본래면목인고?"

<ruby>不思善不思惡<rt>불사선불사악</rt></ruby> <ruby>正於麼時<rt>정어마시</rt></ruby> <ruby>那箇是明上座<rt>나개시명상좌</rt></ruby> <ruby>本來面目<rt>본래면목</rt></ruby>

혜명이 이 말 끝에 대오하였고 다시 물었느니라.

<ruby>惠明<rt>혜명</rt></ruby> <ruby>言下大悟<rt>언하대오</rt></ruby> <ruby>復問云<rt>부문운</rt></ruby>

"위로부터 전래된 은밀한 말씀과 은밀한 뜻 외에 다른 비밀스런 뜻이 있습니까?" <ruby>上來密語密意外<rt>상래밀어밀의외</rt></ruby> <ruby>還更有密意否<rt>환갱유밀의부</rt></ruby>

"그대에게 말한 것은 비밀이 아닙니다. 그대가 만약 반조를 하면 비밀은 그대 곁에 있습니다."

<ruby>與汝說者<rt>여여설자</rt></ruby> <ruby>卽非密也<rt>즉비밀야</rt></ruby> <ruby>汝若返照<rt>여약반조</rt></ruby> <ruby>密在汝邊<rt>밀재여변</rt></ruby>

혜명이 말했느니라.　　　　　　　　　　　<ruby>明曰<rt>명왈</rt></ruby>

"혜명이 비록 황매산에 있었으나 실로 자기면목을 살피지 못하였는데

<ruby>惠明雖在黃梅<rt>혜명수재황매</rt></ruby> <ruby>實未省自己面目<rt>실미성자기면목</rt></ruby>

지금 가르침을 받고 보니 사람이 물을 마셔보고 차고 더움을 스스로 아는 것과 같습니다.

<ruby>今蒙指示<rt>금몽지시</rt></ruby> <ruby>如人飮水<rt>여인음수</rt></ruby> <ruby>冷暖自知<rt>냉난자지</rt></ruby>

이제부터 행자님은 이 혜명의 스승이십니다."

<ruby>今行者卽惠明師也<rt>금행자즉혜명사야</rt></ruby>

"그대가 그렇게 생각할지라도, 나와 그대는 다함께 오조이신 황매를 스승으로 삼아야 하오. 스스로 잘

護持
호지 하시오."

혜명은 또 물었느니라.

여약여시　오여여　동사황매　선자호지
汝若如是　吾與汝　同師黄梅　善自護持

명우문
明又問

"금후에 혜명은 어느 곳을 향해 가오리까?"

혜명금후　향심처거
惠明今後　向甚處去

"원을 만나거든 멈추고, 몽을 만나면 머물도록 하시오."

袁

蒙

봉원즉지　우몽즉거
逢袁則止　遇蒙則居

혜명이 절을 하고 대유령 아래로 돌아가 뒤쫓는 사람들에게 말했느니라.

명예사　회지령하　위진중왈
明禮辭　回至嶺下　謂趁衆曰

"높은 봉우리 밑에까지 가보았으나 종적이 없으니, 다른 길로 쫓아가는 것이 좋겠소."

향척최외경무종적　당별도심지진
向陟崔嵬竟無蹤迹　當別道尋之趁

무리들이 '그럽시다' 하고 돌아섰느니라.

중함이위연
衆咸以爲然

曹溪
나는 그뒤 조계에 이르렀는데, 다시 악인들에게 쫓겨
四會縣
사회현으로 가서 사냥하는 무리들 속으로 피난을 하였느니라.

능후지조계　우피악인심축　내어사회현　피난엽인대중
能後至曹溪　又被惡人尋逐　乃於四會縣　避難獵人隊中

이곳에서 무려 15년을 지내면서 사냥꾼들에게 때때로 법을 설하였으며

범경　일십오재　시여엽인　수의설법
凡經　一十五載　時與獵人　隨宜說法

사냥꾼들이 그물을 지키라고 할 때마다 늘 살아있는 짐승들을 놓아주었다.

엽인상령수망　매견생명진방지
獵人常令守網　每見生命盡放之

그리고 밥먹을 때는 항상 채소를 고기 삶는 솥 한쪽

에 넣어 익혀 먹었는데

매 지 반 시   이 채 기 자 육 과
每至飯時 以菜寄煮肉鍋

혹 누가 물으면 '나는 다만 고기 곁의 채소만 먹는다'
고 대답했노라.

혹 문 즉 대 왈   단 끽 육 변 채
或問則對曰 但喫肉邊菜

하루는 또렷이 생각하였느니라.

일 일 사 유
一日思惟

'이제 마땅히 법을 펼 때가 되었다. 더 이상 숨어 있을
것이 아니다.'

시 당 홍 법   불 가 종 둔
時當弘法 不可終遯

드디어 산에서 내려와 광주 법성사에 이르렀더니, 마

廣 州   法 性 寺

침 인종 법사가 열반경을 강의하고 있었느니라.

印 宗 法 師   涅 槃 經

수 출 지 광 주 법 성 사   치 인 종 법 사   강 열 반 경
遂出至廣州法性寺 値印宗法師 講涅槃經

그때 바람이 불어 깃발이 펄럭이는 것을 보고 한 승려
가 말했느니라.

시 유 풍 취 번 동   일 승 운
時有風吹幡動 一僧云

"바람이 움직인다."

풍 동
風動

다른 승려가 말했느니라.

일 승 운
一僧云

"깃발이 움직인다."

번 동
幡動

두 승려의 논쟁이 끝없이 계속되기에 내가 나서서 말
하였느니라.

의 론 불 이   능 진 왈
議論不已 能進曰

"바람이 움직이는 것도 아니요

불 시 풍 동
不是風動

깃발이 움직이는 것도 아닙니다.

불 시 번 동
不是幡動

어진 이여, 마음이 움직인 것입니다."

인 자 심 동
仁者心動

모여있던 대중들이 모두 놀라워하였고

일 중 해 연
一衆駭然

인종법사는 나를 상석으로 모셔서 깊은 뜻을 묻고
답을 구하였는데 　印宗 延至上席 徵詰奧義
나의 답이 간략하되 이치에 합당하고 뮤자에 매이지
않는 것을 보고 물었느니라. 　見能言簡理當 不由文字 宗云
"행자님은 보통 분이 아니십니다. 　行者 定非常人
오래 전부터 황매의 의발과 법이 남쪽으로 내려왔다
는 말을 들었는데 행자님이 그 분 아니십니까?"
　久聞黃梅衣法南來 莫是行者否

내가 '그렇다'고 하자 인종은 제자의 예를 갖추고 절
을 하면서 　能曰不敢 宗於是執弟子禮
전해져 온 의발을 대중들에게 보여주기를 청하고 다
시 물었느니라. 　告請傳來衣鉢 出示大衆 宗復問曰
"황매께서 부촉하신 가르침은 어떠한 것이었습니까?"
　黃梅付囑如何指授

"가르침이 없습니다. 　指授卽無
오로지 견성만을 논할 뿐 　唯論見性
선정과 해탈은 논하지 않습니다." 　不論禪定解脫
"왜 선정과 해탈을 논하지 않습니까?" 　何不論禪定解脫
"두 가지 법이 되기 때문이니 　爲是二法
이는 불법이 아닙니다. 　不是佛法
불법은 불이의 법입니다." 　佛法是不二之法

인종이 다시 물었느니라. 宗又問

"어떤 것이 불법의 불이의 법이닛고." 如何是佛法不二之法

"법사께서 열반경을 강설할 때 法師 講涅槃經

불성을 밝게 보는 것이 明見佛性

불법의 불이법입니다. 是佛法不二之法

저 열반경에서 고귀덕왕보살(高貴德王菩薩)이 부처님께 여쭈었습니다.

如涅槃經 高貴德王菩薩 白佛言

'사중금계(四重禁戒)(네 가지 무거운 죄인(살생·투도·사음·망어))를 범한 이와 오역죄(五逆罪)(① 아버지를 죽임 ② 어머니를 죽임 ③ 아라한을 죽임 ④ 부처님 몸에 상처를 입힘 ⑤ 교단의 화합을 파괴함)를 지은 이와 일천제(一闡提)(선근이 끊어져 성불할 수 없는 자) 등은 선근(善根)과

불성이 끊어졌나이까? 끊어지지 않았나이까?'

犯四重禁 作五逆罪 及一闡提等 當斷善根佛性否

부처님께서 이르셨습니다. 佛言

'선근에 두 가지가 있으니 하나는 영원함(常)이요 다른 하나는 무상(無常)인데

善根有二 一者常 二者無常

불성은 상도 무상도 아니요 끊임없이 이어지기 때문에 불이(不二)라 하느니라. 佛性 非常非無常 是故不斷 名爲不二

또 하나는 선(善)이요 다른 하나는 불선(不善)인데

一者善 二者不善

불성은 선도 아니요 불선도 아니므로 불이라 하느니라.'

佛性 非善非不善 是名不二

오온(五蘊)(물질인 색色과 정신작용인 수상행식受想行識. 합하면 '나'가 됨)과 더불어 십팔계(十八界)(인간존재의 18가지 구성요소. 육근六根과 육경六境과 육식六識을 합한 것)

를 범부는 둘로 보지만

지혜로운 이는 그 본성이 둘이 없음을 요달하나니

온지여계 범부견이
蘊之與界 凡夫見二

지자요달기성무이
智者了達其性無二

둘이 없는 본성이 곧 불성입니다."

불이지성 즉시불성
無二之性 卽是佛性

인종은 나의 말을 듣고 환희하여 합장하고 말하였느니라.

인종문설 환희합장언
印宗聞說 歡喜合掌言

"제가 경을 강의하는 것은 마치 깨어진 기왓장과 같고, 어진 이의 뜻은 오히려 진금과 같나이다."

眞金

모갑강경 유여와력 인자논의 유여진금
某甲講經 猶如瓦礫 仁者論義 猶如眞金

이어 인종은 나로 하여금 머리를 깎게 하고 나를 스승으로 섬기기를 원하였으므로, 나는 마침내 보리수 아래에서 동산(5조인 홍인대사)의 법문을 열게 되었느니라.

東山

어시위능체발 원사위사 능수어보리수하 개동산법문
於是爲能剃髮 願事爲師 能逐於菩提樹下 開東山法門

내가 동산의 법을 얻은 뒤 갖은 신고를 받아 목숨이 마치 실낱 같았는데

辛苦

능어동산득법 신고수진 명사현사
能於東山得法 辛苦受盡 命似懸絲

오늘 위자사와 관료들, 비구·비구니·도인·속인들과 더불어 모임을 함께 하게 되었으니 이것이 어찌 누겁의 인연이 아니리오.

累劫

금일 득여사군관료 승니도속 동차일회 막비누겁지인
今日 得與史君官僚 僧尼道俗 同此一會 莫非累劫之因

또한 과거생 중에 여러 부처님께 공양하고 함께 선근

을 심었으므로 <ruby>亦是過去生中<rt>역시과거생중</rt></ruby> <ruby>供養諸佛<rt>공양제불</rt></ruby> <ruby>同種善根<rt>동종선근</rt></ruby>
이제 <ruby>돈교<rt>頓敎</rt></ruby>의 법을 들어 깨우칠 수 있는 <ruby>인<rt>因</rt></ruby>을 얻게 된 것이니라. <ruby>方始得聞如上頓敎<rt>방시득문여상돈교</rt></ruby> <ruby>得法之因<rt>득법지인</rt></ruby>

이 가르침은 앞서의 성인들이 전하신 바요 결코 이 혜능 스스로의 지혜가 아니니라. <ruby>敎是先聖所傳<rt>교시선성소전</rt></ruby> <ruby>不是惠能自智<rt>불시혜능자지</rt></ruby>

옛 성인의 가르침을 듣기를 원하는 이는 각기 마음을 깨끗이하여 자세히 듣고 스스로의 의심을 제거하라.
<ruby>願聞先聖敎者<rt>원문선성교자</rt></ruby> <ruby>各令淨心聞了<rt>각령정심문료</rt></ruby> <ruby>各自除疑<rt>각자제의</rt></ruby>

선대의 성인들과 다름이 없게 되리라. <ruby>如先代聖人無別<rt>여선대성인무별</rt></ruby>

3. 마하반야바라밀

대사께서 다시 대중들에게 이르셨다. <ruby>師復告衆曰<rt>사부고중왈</rt></ruby>
"선지식이여 <ruby>善知識<rt>선지식</rt></ruby>
보리반야의 지혜는 세상 사람이 본래 스스로 가지고 있는 것인데 <ruby>菩提般若之智<rt>보리반야지지</rt></ruby> <ruby>世人本自有之<rt>세인본자유지</rt></ruby>
오직 마음이 미혹하여 스스로 깨닫지 못하나니
<ruby>只緣心迷<rt>지연심미</rt></ruby> <ruby>不能自悟<rt>불능자오</rt></ruby>

모름지기 대선지식의 인도함에 의지하여 견성을 하여
야 하느니라. 須假大善知識 示導見性

마땅히 알아라. 當知

어리석은 이와 슬기로운 이의 불성은 愚人智人佛性

본래 차별이 없느니라. 本無差別

다만 미함과 깨달음이 같지 않기 때문에 只緣迷悟不同

어리석음과 슬기로움이 있는 것이다. 所以有愚有智

내 이제 마하반야바라밀법을 설하여

吾今爲說摩訶般若波羅蜜法

그대들로 하여금 지혜를 얻게 하리니 使汝等 各得智慧

지극한 마음으로 자세히 들어라. 志心諦聽

그대들을 위해 설하리라. 吾爲汝說

선지식이여 善知識

세상 사람이 종일토록 반야를 외우면서도 자성반야 自性般若

를 알지 못하는 것은 世人 終日口念般若 不識自性般若

말로써 음식이야기를 하여도 배가 부를 수 없는 것과

같나니 猶如說食不飽

입으로만 공을 말하면 口但說空

만겁을 경과하여도 견성하지 못하고 마침내 이익이

없느니라. 萬劫 不得見性 終無有益

선지식이여 善知識

'마하반야바라밀'은 범어이니

摩訶般若波羅蜜是梵語

이 곳 말로는 '대지혜로 피안에 이른다'이니라.

此言 大智慧到彼岸

이는 당연히 마음으로 행하는 것이요

此須心行

입으로 외우는 데 있는 것이 아니니

不在口念

입으로만 외우고 마음으로 행하지 않으면

口念心不行

허깨비와 같고 꼭두각시 같고

如幻如化

이슬과 같고 번개와 같으며

如露如電

입으로 외우고 마음으로 행하면

口念心行

곧바로 마음과 입이 서로 응하느니라.

則心口相應

본성, 이것이 부처이니

本性是佛

본성을 떠나서는 달리 부처가 없느니라.

離性無別佛

마하摩訶

어찌하여 '마하'라고 하였는가?

何名摩訶

마하는 대이다.

摩訶是大

심량의 광대함이 마치 허공과 같아서 끝이 없을 뿐 아니라

心量廣大 猶如虛空 無有邊畔

모나거나 둥글거나 크고 작음이 없으며

亦無方圓大小

푸르지도 누렇지도 붉지도 희지도 않으며

亦非青黃亦白

위아래도 없고 길고 짧음도 없으며　　역무상하장단 亦無上下長短

성냄도 기뻐함도 없고 옳고 그름도 없고 착하고 악한 것도 없으며　　역무진무희 亦無嗔無喜　무시무비 無是無非　무선무악 無善無惡

머리도 꼬리도 없나니　　무유두미 無有頭尾

모든 부처님의 불국토 또한 이 허공과 같으니라.

　　제불찰토 諸佛刹土　진동허공 盡同虛空

세인들의 묘한 본성도 본래 공하여　　세인묘성본공 世人妙性本空

한 법도 가히 얻을 수 없으며　　무유일법가득 無有一法可得

자성도 진공이어서　　자성진공 自性眞空

가히 한 법도 얻을 수 없느니라.　　역부여시 亦復如是

선지식이여　　선지식 善知識

나의 공(空)에 대한 설법을 듣고　　막문오설공 莫聞吾說空

공에 대해 집착하지 말라.　　편즉착공 偏卽着空

가장 하지 말 것은 공에 대한 집착이니　　제일막착공 第一莫着空

만약 마음 비워 고요히 앉기만 하면　　약공심정좌 若空心靜坐

곧 무기공(無記空)(흐리멍텅한 공의 상태)에 떨어지느니라.　　즉착무기공 卽着無記空

선지식이여　　선지식 善知識

세계의 허공이 능히 만물의 빛깔과 형상을 감싸고 있나니　　세계허공 世界虛空　능함만물색상 能含萬物色像

해와 달과 별, 산과 강과 대지, 샘물과 개울물, 초목과 숲, 나쁜 이와 좋은 이, 착한 법과 악한 법, 천당과

지옥, 큰 바다와 수미산 등이 모두 허공 가운데에 있듯이

일월성숙 산하대지 천원계간 초
日月星宿 山河大地 泉源溪澗 草

목총림 악인선인 악법선법 천당지옥 일체대해 수미제산 총재공중
木叢林 惡人善人 惡法善法 天堂地獄 一切大海 須彌諸山 總在空中

세상 사람들의 공한 본성 또한 그와 같으니라.

세인성공 역부여시
世人性空 亦復如是

선지식이여

선지식
善知識

자성이 능히 모든 것〔萬法〕을 감싸고 있으므로 '크다〔大〕'고 하나니

자성능함만법 시대
自性能含萬法 是大

만법은 사람의 본성 가운데에 있느니라.

만법재제인성중
萬法在諸人性中

만약 사람들이 선이나 악을 대할 때

약견일체인 악지여선
若見一切人 惡之與善

어느 것도 취하거나 버리지 않고

진개불취불사
盡皆不取不捨

또한 물들거나 집착하지 아니하여

역불염착
亦不染着

마음이 마치 허공과 같게 되면

심여허공
心如虛空

이를 이름하여 크다〔大〕고 하고 마하라 하느니라.

摩訶

명지위대 고왈마하
名之爲大 故曰摩訶

선지식이여

선지식
善知識

미한 사람은 입으로만 말하고 슬기로운 사람은 마음으로 행하느니라.

미인구설 지자심행
迷人口說 智者心行

또한 미한 사람은 '마음을 비우고 고요히 앉아 아무 것도 생각하지 않는 것을 대〔大〕'라 일컫나니

우유미인 공심정좌 백무소사 자칭위대
又有迷人 空心靜坐 百無所思 自稱爲大

이러한 무리와는 대화를 하지 말라.　此一輩人 不可與語

사견에 빠지게 된다.　爲邪見故

반야般若

선지식이여　善知識

심량은 넓고 커서 법계에 두루하나니　心量廣大 遍周法界

작용을 하면 또렷이 밝고도 분명하도다.　用卽了了分明

또한 응용을 하면 문득 일체를 알아서　應用 便知一切

일체가 곧 하나요　一切卽一

하나가 곧 일체이며　一卽一切

가고 옴이 자유롭고　去來自由

마음의 본체에 막힘이 없나니　心體無滯

이것이 바로 반야이니라.　卽是般若

선지식이여　善知識

일체의 반야지는　一切般若智

모두가 자성에서 생겨나는 것이요　皆從自性而生

밖에서 들어오는 것이 아니니　不從外入

뜻을 그릇되이 쓰지 않으면　莫錯用意

참된 본성을 스스로 쓴다고 하느니라.　名爲眞性自用

하나가 참되면 일체가 참됨이니　一眞 一切眞

마음으로 큰 일[大事]을 헤아리기만 할 뿐 　心量大事

작은 도도 행하지 않고 　不行小道

입으로 종일토록 공을 말하면서 　口莫終日說空

마음으로 이 행을 닦지 않는다면 　心中不修此行

이는 평범한 사람이 국왕이라고 자칭하여도 마침내

국왕이 되지 못함과 같나니 　恰似凡人 自稱國王 終不可得

이러한 자는 나의 제자가 아니니라. 　非吾弟子

선지식이여 　善知識

어찌하여 반야라 하였는가? 　何名般若

반야를 여기 말로 하면 지혜이다. 　般若者 唐言智慧也

어느 곳에서나 어느 때에나 생각생각이 어리석지 아니
하여 항상 지혜로이 행하면 곧 반야행이니

一切處所 一切時中 念念不愚 常行智慧 卽是般若行

한 생각 어리석으면 반야가 끊어짐이요 　一念愚卽般若絶

한 생각 슬기로우면 반야가 생함이니라. 　一念智卽般若生

세상 사람들은 어리석고 미혹하여 반야를 보지 못하
면서 입으로만 반야를 말하고 　世人愚迷 不見般若 口說般若

마음 속이 항상 어리석으면서도 늘 '내가 반야를 닦
는다'고 말하며 　心中常愚 常自言我修般若

생각생각 공을 말하하면서도 진공을 알지 못하느니
라. 　念念說空 不識眞空

반야는 형상이 없나니
지혜로운 마음이 곧 이것이다.
만약 이와 같이 알게 되면 곧 반야지라 이름할 수 있
느니라.

般若^{반야}無^무形^형相^상
智^지慧^혜心^심卽^즉是^시
若^약作^작如^여是^시解^해 卽^즉名^명般^반若^야智^지

바라밀波羅蜜

어찌하여 바라밀이라 하였는가?
바라밀은 인도의 말로 여기 말로 하면 도피안(피안에 이르렀다)이
니
'생멸을 여의었다'는 뜻이니라.
경계에 집착하면 생멸이 일어나서
물에 파랑이 일어나는 것과 같이 되나니
이것이 곧 차안이요
경계를 여의면 생멸이 없어져서
물이 막힘없이 흐르는 것과 같나니
이것이 곧 피안이니라.
그러므로 바라밀이라 이름하노라.

何^하名^명波^바羅^라蜜^밀?
此^차西^서國^국語^어 唐^당言^언到^도彼^피岸^안
解^해義^의離^이生^생滅^멸
着^착境^경生^생滅^멸起^기
如^여水^수有^유波^파浪^랑
卽^즉名^명爲^위此^차岸^안
離^이境^경無^무生^생滅^멸
如^여水^수常^상通^통流^류
卽^즉名^명爲^위彼^피岸^안
故^고號^호波^바羅^라蜜^밀

선지식이여
미혹한 사람은 입으로만 외우므로 입으로 외울 때 망

善^선知^지識^식

상도 하고 잘못도 하지만 迷人口念 當念之時 有妄有非

생각생각 행하는 이것을 이름하여 참된 본성이라 하나니

念念若行 是名眞性

이 법을 깨달으면 반야법(般若法)이요 悟此法者 是般若法

이 행을 닦으면 반야행(般若行)이니라. 修此行者 是般若行

닦지 않으면 곧 범부요 不修卽凡

일념으로 수행하면 자신이 부처와 같아지느니라.

一念修行 自身等佛

선지식이여 善知識

범부가 곧 부처요 凡夫卽佛

번뇌가 곧 보리이니 煩惱卽菩提

앞의 생각이 미하면 곧 범부요 前念迷卽凡夫

뒤의 생각이 깨달으면 곧 부처이며 後念悟卽佛

앞 생각이 경계에 집착하면 곧 번뇌요 前念着境卽煩惱

뒤 생각이 경계를 여의면 곧 보리이니라. 後念離境卽菩提

선지식이여 善知識

마하반야바라밀은 摩訶般若波羅蜜

가장 존귀하고 가장 높고 으뜸가는 제일이니

最尊最上最第一

머무름도 없고 가는 것도 없고 오는 것도 없느니라.

無住無往亦無來

삼세의 모든 부처님이 이 가운데에서 나왔나니

삼세제불 개종중출
三世諸佛 皆從中出

마땅히 대지혜를 써서 오온과 번뇌망상을 타파하라.

당용대지혜 타파오온번뇌진로
當用大智慧 打破五蘊煩惱塵勞

이와 같이 수행하면 결정코 불도를 이루나니

여차수행 정성불도
如此修行 定成佛道

탐·진·치 삼독을 돌이켜 계·정·혜 삼학을 이루게 되
느니라.

변삼독 위계정혜
變三毒 爲戒定慧

선지식이여

선지식
善知識

나의 이 법문은 하나의 반야로부터 8만 4천 지혜를
나타내느니라.

아차법문 종일반야 생팔만사천지혜
我此法門 從一般若 生八萬四千智慧

무슨 까닭인가?

하이고
何以故

세상 사람들에게 8만 4천 번뇌가 있기 때문이니

위세인 유팔만사천진로
爲世人 有八萬四千塵勞

만약 번뇌가 없으면 지혜가 항상 드러나고 자성을 떠
나지 않느니라.

약무진로 지혜상현 불리자성
若無塵勞 智慧常現 不離自性

이 법을 깨닫는 자는 곧바로 생각할 것도 기억할 것
도 집착할 것도 없어져서

오차법자 즉시무념무억무착
悟此法者 卽是無念無億無着

거짓과 망령됨을 일으키지 아니하고

불기광망
不起誑妄

스스로의 진여성(참되고 한결 같은 본성)을 써서 일체법을 지혜로 관조
하여

용자진여성 이지혜관조 어일체법
用自眞如性 以智慧觀照 於一切法

취하지도 아니하고 버리지도 않나니   불 취 불 사
                                        不取不捨

이것이 곧 견성이요 불도를 이룸이로다.   즉 시 견 성 성 불 도
             見性   卽是見性成佛道

금강경

선지식이여   선 지 식
                                        善知識

                 法界   般若三昧
만약 법계와 반야삼매에 깊이 들어가기를 바라거든

                 약 욕 입 심 심 법 계   급 반 야 삼 매 자
                 若欲入甚深法界 及般若三昧者

                        金 剛 般 若 經
모름지기 반야행을 닦고 금강반야경을 지송하라. 곧

                수 수 반 야 행   지 송 금 강 반 야 경   즉 득 견 성
견성하리라.   須修般若行 持誦金剛般若經 卽得見性

마땅히 알아라.   당 지
                                        當知

이 공덕이 한량없고 가이 없음을 경 가운데에서 분명

히 찬탄하였으니 여기서는 자세히 다 말할 수 없노라.

         차 공 덕   무 량 무 변   경 중 분 명 찬 탄   막 능 구 설
         此功德 無量無邊 經中分明讚嘆 莫能具說

       最 上 乘 法 門
이 법문은 최상승법문으로   차 법 문   시 최 상 승
                                        此法門 是最上乘
 大 智 人   上 根 人
대지인을 위하여 설하고 상근인을 위하여 설한 것이

므로   위 대 지 인 설   위 상 근 인 설
                     爲大智人說 爲上根人說
 根 機
근기가 얕고 지혜가 작은 사람이 이 법문을 들으면

마음으로 믿지를 않느니라.   소 근 소 지 인 문   심 생 불 신
                           小根小智人聞 心生不信

무슨 까닭인가?   하 이 고
                                        何以故

큰 용이 세상에 큰 비를 내릴 때   비 여 대 룡   하 우 어 염 부 제
                              譬如大龍 下雨於閻浮提

성과 읍의 집들은 마치 대춧잎을 띄운 것과 같이 떠내려가지만

성읍취락 실개표류 여표조엽
城邑聚落 悉皆漂流 如漂棗葉

큰 바다는 비가 내린다 하여 늘지도 않고 줄지도 않는 것과 같나니

약우대해 부증불감
若雨大海 不增不減

대승인이나 최상승인은 금강경의 설함을 들으면 마음이 열려 깨닫고 해득하느니라.

약대승인 약최상승인 문설금강경 심개오해
若大乘人 若最上乘人 聞說金剛經 心開悟解

마땅히 알아라.

고지
故知

본성에는 반야의 지혜가 있어 스스로의 지혜로써 항상 관조할 뿐 문자를 빌리지 않나니

본성자유반야지지 자용지혜 상관조고 불가문자
本性自有般若之智 自用智慧 常觀照故 不假文字

마치 저 비가 모든 중생과 초목 등의 유정과 무정물을 다 윤택하게 하고

비여우수 영일체중생 일체초목 유정무정 실개몽윤
譬如雨水 令一切衆生 一切草木 有情無情 悉皆蒙潤

모든 시냇물과 강물이 바다로 흘러들어 하나를 이루듯이

백천중류 각입대해 합위일체
百川衆流 却入大海 合爲一體

중생의 본성인 반야의 지혜도 이와 같으니라.

중생본성 반야지지 역부여시
衆生本性 般若之智 亦復如是

선지식이여

선지식
善知識

근기 낮은 이가 돈교법을 듣는 것은

소근지인 문차돈교
小根之人 聞此頓教

마치 뿌리 약한 초목이 큰 비를 만나면 모두 다 쓰러

져 자라지 못하는 것과 같으니라.

유여초목 근성소자 약피대우 실개자도 불능증장
猶如草木 根性小者 若被大雨 悉皆自倒 不能增長

그러나 근기가 낮은 사람 또한 반야지혜를 갖추고 있음은 큰 지혜가 있는 이와 조금도 차별이 없느니라.

소근지인 역부여시 원유반야지지 여대지인 갱무차별
小根之人 亦復如是 元有般若之智 如大智人 更無差別

그런데 어찌하여 법문을 듣고 스스로 깨달음을 열지 못하는가?

인하문법 부자개오
因何聞法 不自開悟

邪見
사견의 장애가 중하고 번뇌의 뿌리가 깊기 때문이니

연사견장중 번뇌근심
緣邪見障重 煩惱根深

마치 큰 구름이 해를 가렸을 때 바람이 불지 않으면 햇빛이 나타나지 않음과 같으니라.

유여대운 복개어일 부득풍취 일광불현
猶如大雲 覆盖於日 不得風吹 日光不現

반야의 지혜는 크고 작음이 없건만

반야지지 역무대소
般若之智 亦無大小

일체 중생의 자기 마음에 대한 미함과 깨달음은 같지 않나니

위일체중생 자심미오부동
爲一切衆生 自心迷悟不同

미한 마음으로 부처를 밖에서 찾으며 수행하면 자성을 깨닫지 못하게 되며

미심외견수행멱불 미오자성
迷心外見修行覓佛 未悟自性

그가 바로 작은 근기이니라.

즉시소근
卽是小根

頓教
만약 돈교를 깨달아 바깥으로 향해 닦는 것을 집착하지 않고

약개오돈교 부집외수
若開悟頓敎 不執外修

오직 자기 마음에서 정견을 일으켜서

단어자심 상기정견
但於自心 常起正見

언제나 번뇌에 물들지 않게 되면
이것이 곧 견성이니라.
煩惱塵勞 常不能染
卽是見性
선지식이여
善知識
안에도 밖에도 머물지 아니하고
內外不住
가고 옴이 자유로우며
去來自由
집착하는 마음을 능히 제거하면
能除執心
통달하여 걸림이 없게 되나니
通達無碍
이 행을 잘 닦으면 금강반야경과 더불어 근본적으로
차별이 없느니라.
能修此行 與般若經 本無差別

돈오頓悟와 견성見性

선지식이여
善知識

모든 경전과 문자로 된 대승 소승의 십이부경이 모두
十二部經
사람 때문에 있는 것이니

一切修多羅 及諸文字 大小二乘 十二部經 皆因人置

지혜의 본성이 인이 되어 두루 만들어진 것이니라.
因
因智慧性 方能建立

만약 세상 사람이 없으면 일체 만법이 본래 있을 수
없느니라.
若無世人 一切萬法 本自不有

그러므로 만법은 본래 사람으로부터 일어나며 모든

경서도 사람을 위하여 설한 것임을 알아야 한다.
고 지 만 법 본 자 인 흥 일 체 경 서 인 인 설 유
故知 萬法 本自人興 一切經書 因人說有

이들 사람 가운데에는 어리석은 이도 있고 지혜로운 이도 있나니
연 기 인 중 유 우 유 지
緣其人中 有愚有智

어리석은 이는 소인이라 하고 지혜로운 이는 대인이라 하느니라.
우 위 소 인 지 위 대 인
愚爲小人 智爲大人

어리석은 이는 지혜로운 이에게 묻고 지혜로운 이는 어리석은 이에게 법을 설하나니
우 자 문 어 지 인 지 자 여 우 인 설 법
愚者問於智人 智者與愚人說法

어리석은 이가 홀연히 깨달아 마음이 열리게 되면 지혜로운 이와 다를 바가 없게 되느니라.
우 인 홀 연 오 해 심 개 즉 여 지 인 무 별
愚人忽然悟解心開 卽與智人無別

선지식이여
선 지 식
善知識

깨닫지 못하면 부처가 곧 중생이요
불 오 즉 불 시 중 생
不悟卽佛是衆生

한 생각 깨달으면 중생이 곧 부처이니라.
일 념 오 시 중 생 시 불
一念悟時衆生是佛

그러므로 알지니라.
고 지
故知

모든 것은 자기 마음에 있다.
만 법 진 재 자 심
萬法盡在自心

어찌 자기 마음 속의 참되고 한결같은 진여의 본성을 문득 보지 못하는가.
하 불 종 자 심 중 돈 견 진 여 본 성
何不從自心中 頓見眞如本性

菩薩戒經
보살계경에 이르셨느니라.
보 살 계 경 운
菩薩戒經云

'나의 근본 원천인 자성은 본래 청정하니, 만약 스스

로의 마음을 알면 견성하여 모두가 불도를 이루리라.'

我本元自性淸淨 若識自心 見性皆成佛道

또 정명경(유마경)에서 이르셨느니라.

淨名經云

'당장에 활짝 열려 본심을 되찾는다.'

卽時豁然 還得本心

선지식이여

善知識

나는 오조 홍인화상의 처소에서 한 번 듣고 말씀 끝에 문득 깨달아 단번에 진여본성을 보았느니라.

我於忍和尙處一聞 言下便悟 頓見眞如本性

그러므로 이 법을 유행시키기 위해

是以將此敎法流行

도를 배우는 자로 하여금

令學道者

보리를 단번에 깨닫도록 하고

頓悟菩提

스스로의 마음을 관하여

各自觀心

스스로 본성을 보게 하느니라.

自見本性

만약 스스로 깨닫지 못하거든 모름지기 최상승법을 아는 대선지식을 찾아가서 곧바로 바른 길〔正路〕을 제시받을지니라.

若自不悟 須覓大善知識解最上乘法者 直示正路

대선지식은 중생을 교화하고 인도하여 견성토록 하는 데 큰 인연이 있는 분으로

是善知識 有大因緣 所謂化導 令得見性

선지식은 일체의 선법을 능히 일으키느니라.

一切善法 因善知識 能發起故

삼세제불의 십이부경(十二部經)이 사람의 본성 가운데에 본래
스스로 갖추어져 있건마는

삼 세 제 불 십 이 부 경 재 인 성 중 본 자 구 유
三世諸佛 十二部經 在人性中 本自具有

이를 능히 깨닫지 못하면 모름지기 선지식의 가르침
을 구하여야만 비로소 볼 수 있게 되려니와

불 능 자 오 수 구 선 지 식 지 시 방 견
不能自悟 須求善知識指示 方見

스스로 깨닫는 자는 밖에서 구하지 않느니라.

약 자 오 자 불 가 외 구
若自悟者 不假外求

그러나 선지식의 지시가 있어야만 해탈을 바라볼 수
있다고 고집한다면

약 일 향 집 위 수 요 타 선 지 식 망 득 해 탈 자
若一向執謂 須要他善知識 望得解脫者

이 또한 옳지 않느니라.

무 유 시 처
無有是處

왜냐하면 자기 마음 안에 선지식이 있어 깨닫기 때문
이니라.

하 이 고 자 심 내 유 지 식 자 오
何以故 自心內有知識自悟

만약 삿되고 미혹한 망념(妄念)을 일으켜 전도(顚倒)되면

약 기 사 미 망 념 전 도
若起邪迷 妄念顚倒

비록 외부의 선지식이 가르쳐줄지라도 구원을 얻지
못하느니라.

외 선 지 식 수 유 교 수 구 불 가 득
外善知識 雖有教授 救不可得

바르고 참된 반야를 일으켜 관조하면

약 기 정 진 반 야 관 조
若起正眞般若觀照

찰나 사이에 망념이 모두 사라지고

일 찰 나 간 망 념 구 멸
一刹那間 妄念俱滅

자성을 알아 한번 깨달으면 곧 불지에 이르느니라.

약 식 자 성 일 오 즉 지 불 지
若識自性一悟 卽至佛地

무념無念

선지식이여
善知識

지혜로 관조하면 안과 밖이 환하게 밝아져서 스스로
의 본심을 알게 되나니
智慧觀照 內外明徹 識自本心

만약 본심을 알면 곧 본래해탈[本解脫]이요
若識本心 卽本解脫

해탈을 얻게 되면 이것이 바로 반야삼매요 무념이니
라.
若得解脫 卽是般若三昧 卽是無念

무엇을 무념이라 하는가?
何名無念

일체법을 볼 때 마음이 물들거나 집착하지 않는 것이
무념이니라.
若見一切法 心不染着 是爲無念

작용을 일으키면 모든 곳에 두루하지만 그 모든 곳에
집착함이 없이 본심을 깨끗이 하고
用卽遍一切處 亦不着一切處 但淨本心

육식이 육문[六根]으로 나올지라도 육진[六境]에 물듦이
六識 六門 六塵
없고 뒤섞이지 아니하여
使六識出六門 於六塵中 無染無雜

오고 감에 자유롭고 잘 통용되어 걸림이 없으니
來去自由 通用無滯

이것이 반야삼매요 자재해탈이며, 이름하여 무념행이
라 하느니라.
卽是般若三昧自在解脫 名無念行

그러나 아무것도 생각하지 아니하여 망념을 끊으려

한다면

이는 법에 얽매이는 것이니

이를 이름하여 변견^{邊見}이라 하느니라.

약백물불사 당령념절
若百物不思 當令念絶

즉시법박
卽是法縛

즉명변견
卽名邊見

선지식이여

무념법을 깨달은 이는 만법에 다 통하고

선지식
善知識

오무념법자 만법진통
悟無念法者 萬法盡通

무념법을 깨달은 이는 제불의 경계를 보며

오무념법자 견제불경계
悟無念法者 見諸佛境界

무념법을 깨달은 이는 부처의 자리에 오르느니라.

오무념법자 지불지위
悟無念法者 至佛地位

선지식이여

후대에 나의 법을 얻는 이가

선지식
善知識

후대 득오법자
後代 得吾法者

이 돈교법문으로써 보고 행함을 함께 하겠다는 원을 발하고 수지^{受持}하여

장차돈교법문 어동견동해 발원수지
將此頓敎法門 於同見同行 發願受持

부처님 섬기듯이 하고 종신토록 물러서지 않는다면

여사불고 종신이불퇴자
如事佛故 終身而不退者

결정코 성인의 지위에 들어가게 되느니라.

정입성위
定入聖位

그때 위로부터 이어져 내려오면서 묵묵히 전하고 분부하신 것을 모두 전수하여 정법^{正法}을 숨기지 말지니라.

연 수전수종상이래묵전분부 부득닉기정법
然 須傳授從上以來黙傳分付 不得匿其正法

그러나 견해가 다르고 행함이 같지 않은 다른 법 속

에 있는 자에게는 법을 전하지 말라.

약부동견동행 재별법중 부득전부
若不同見同行 在別法中 不得傳付

그는 이전 분들을 훼손시킬 뿐 끝내 이익됨이 없나니

손해전인 구경무익
損彼前人 究竟無益

어리석고 잘못된 견해로 이 법문을 비방하여 백겁천
생토록 부처될 종성을 끊을까 두렵도다.

공우인 불해 방차법문 백겁천생 단불종성
恐愚人 不解 謗此法門 百劫千生 斷佛種性

선지식이여

선지식
善知識

나에게 한 무상송(無相頌)이 있으니 모름지기 외우고 지닐지
니라.

오유일무상송 각수송취
吾有一無相頌 各須誦取

재가인이든 출가인이든 다만 이를 의지하여 닦을지니

재가출가 단의차수
在家出家 但依此修

스스로 닦지 않고 나의 말만을 기록한다면 아무런 이
익이 없느니라.

약부자수 유기오언 역무유익
若不自修 惟記吾言 亦無有益

나의 게송을 들어라."

청오송
聽吾頌

돈교무상송(頓教無相頌)

말 통하고	마음까지	통하고 보면	설통급심통 說通及心通
저 허공에	해가 있는	것과 같나니	여일처허공 如日處虛空
오직 하나	견성하는	법을 전하여	유전견성법 唯傳見性法
세간 속의	삿된 종파	부숨이로다	출세파사종 出世破邪宗

참된 법에　돈오 점수　따로 없지만　法卽無頓漸
頓悟 漸修

미오 따라　늦고 빠름　있게 되나니　迷悟有遲疾
迷悟

스스로의　성품 보는　견성의 문을　只此見性門

어리석은　사람들은　알지 못한다　愚人不可悉

말로 하면　만 가지로　벌어지지만　說卽雖萬般

진리 속에　돌아가면　하나되나니　合理還歸一

내 번뇌로　깜깜해진　집 가운데에　煩惱暗宅中

항상 밝은　지혜 태양　빛나게 하라　常須生慧日

삿된 것이　오게 되면　번뇌가 일고　邪來煩惱至

바른 것이　오게 되면　번뇌 멸하며　正來煩惱除

삿된 것과　바른 것을　모두 안 쓰면　邪正俱不用

청정하여　무여열반　이르느니라　淸淨至無餘
無餘涅槃

*무여열반 : 육신까지 멸하여 남음이 없는 완전한 열반

보리가 곧　자기 본래　본성이건만　菩提本自性
菩提

제 마음을　일으키면　그게 곧 망념　起心卽是妄

허망 속에　맑은 마음　항상 있나니　淨心在妄中

바른 그때　삼장 모두　없어지노라　但正無三障
三障

*삼장 : 도에 장애가 되는 세 가지. 미혹惑·악업業·고苦

세인들이　만약 도를　닦을 때에는　世人若修道

어느 것이	방해되지	않을까만은	일체진불방 一切盡不妨
어느 때나	자기 허물	되돌아보면	상자견기과 常自見己過
도와 서로	맞게 되어	함께 하리라	여도즉상당 與道卽相當

중생들이	제 갈 길을	걸어갈지면	색류자유도 色類自有道
방해됨도	괴롭힘도	서로 없지만	각불상방뇌 各不相妨惱
길 벗어나	다른 데서	도를 찾으면	이도별멱도 離道別覓道
종신토록	도를 보지	못하게 되니	종신불견도 終身不見道

부질없이	한 평생을	살고난 뒤에	파파도일생 波波度一生
흰 머리가	찾아오면	뉘우치나니	도두환자오 到頭還自懊
진정으로	참된 도를	보기 원하면	욕득견진도 欲得見眞道
바로 행함	이것이 곧	참된 도니라	행정즉시도 行正卽是道

누구든지	자기에게	道心 도심 없으면	자약무도심 自若無道心
어둠 속만	헤매일 뿐	도를 못 보니	암행불견도 闇行不見道
정녕 참된	도를 닦는	수행자라면	약진수도인 若眞修道人
세간 속의	허물들을	보지 않노라	불견세간과 不見世間過

다른 이의	허물 자꾸	보고 있다면	약견타인비 若見他人非
내 허물이	더하다는	증거가 되며	자비각시좌 自非却是左

남 그르고　나만 옳다　주장하는 것　_{타 비 아 불 비} 他非我不非
이것 어찌　내 허물의　증거 아니리　_{아 비 자 유 과} 我非自有過

다만 나의　그른 마음　물리치면서　_{단 자 각 비 심} 但自却非心
번뇌망상　뿌리 뽑고　없애버리면　_{타 제 번 뇌 파} 打除煩惱破
밉고 고운　것에 대한　관심 없어져　_{증 애 불 관 심} 憎愛不關心
두 다리를　뻗고 편히　쉬게 되리라　_{장 신 양 각 와} 長伸兩脚臥

더 나아가　다른 이를　교화할지면　_{욕 의 화 타 인} 欲擬化他人
좋은 방편　절로절로　솟아나와서　_{자 수 유 방 편} 自須有方便
저들 의심　말끔하게　없애어 주고　_{물 령 피 유 의} 勿令彼有疑
청정 자성　드러나게　하여주노라　_{즉 시 자 성 현} 卽是自性現

불법은 곧　세간 속에　있는 것이라　_{불 법 재 세 간} 佛法在世間
이 세간을　떠나서는　못 깨닫나니　_{불 리 세 간 각} 不離世間覺
이 세간을　벗어나서　_{菩 提} 보리 찾음은　_{이 세 멱 보 리} 離世覓菩提
토끼에게　뿔 있기를　구함 같도다　_{흡 여 구 토 각} 恰如求兔角

*토끼는 원래 뿔이 없음

정견으로　바로 보면　출세간이요　_{정 견 명 출 세} 正見名出世
사견으로　그릇 보면　세간이 되니　_{사 견 시 세 간} 邪見是世間
삿된 것과　바른 것을　다 물리치면　_{사 정 진 타 각} 邪正盡打却

보리자성	분명하게	드러나노라	보리성완연 菩提性宛然

이 게송의	가르침이	바로 돈교요 頓教	차송시돈교 此頌是頓教
또한 달리	이름하면	대법선이니 大法船	역명대법선 亦名大法船
미혹하면	몇 겁 공부	소용 없으나	미문경누겁 迷聞經累劫
깨달으면	찰나 사이	알아들으리	오즉찰나간 悟則刹那間

*대법선 : 아주 큰 법의 배

대사께서 다시 이르셨다.

사부왈
師復曰

"이제 이 대범사에서 돈교법문을 설하였으니, 바라건
大梵寺
대 법계의 중생이 이 말 아래 두루 견성성불 하여지이
見性成佛
다."

금어대범사 설차돈교 보원법계중생 언하견성성불
今於大梵寺 說此頓教 普願法界衆生 言下見性成佛

이때 위사군을 비롯한 모든 관료들과 도인·속인 등
이 대사의 설법을 듣고 깨닫지 않은 이가 없었으니,
모두가 일시에 예배를 드리며 찬탄하였다.

시위사군여관료도속 문사소설 무불성오 일시작례 개탄
時韋史君與官僚道俗 聞師所說 無不省悟 一時作禮 皆嘆

"기쁘도다. 어찌 영남에 부처님의 출세하심을 기약했
으리!"

선재 하기영남 유불출세
善哉 何期嶺南 有佛出世

제2 석공덕정토 釋功德淨土
공덕과 정토를 해석함

공덕의 참뜻과 복

다음날 위자사는 대사를 위하여 큰 재회(齋會)를 베풀었으며

차일위자사 위사설대회재
次日韋刺史 爲師說大會齋

재회를 마친 자사는 대사께 청하여 법상에 오르시게 하였다.

재글자사 청사승좌
齋訖刺史 請師升座

이에 관료와 선비와 서민들이 일제히 용모를 가다듬고 거듭 절하고 여쭈었다.

동관료사서 숙용재배 문왈
同官寮士庶 肅容再拜 問曰

"제자가 들은 화상의 설법은 참으로 불가사의하였습니다.

제자 문화상설법 실불가사의
弟子 聞和尙說法 實不可思議

이제 작은 의심이 있사오니 바라옵건대 대자비로 해설하여 주옵소서."

금유소의 원대자비 특위해설
今有少疑 願大慈悲 特爲解說

"의심이 있으면 물으시오.

유의즉문
有疑卽問

내 마땅히 설하리라."

오당위설
吾當爲說

위자사가 여쭈었다.

위공왈
韋公曰

"화상께서 설하시는 법은 달마대사의 종지가 맞습니까?"
和尚所說 可不是達磨大師宗旨乎

"그렇도다."
是

"제자가 듣자오니, 달마께서 처음 양무제를 만났을 때 무제가 물었다고 합니다.
弟子聞 達磨初化梁武帝 帝問云

'짐이 일생동안 절을 짓고 승려를 공양하고 보시와 재를 많이 베풀었는데, 어떠한 공덕이 있습니까?'
朕一生 造寺供僧布施設齋 有何功德

이에 달마대사께서는 '실로 공덕이 없다〔實無功德〕'고 하셨습니다.
達磨言 實無功德

제자는 이 이치를 알 수가 없습니다. 바라옵건대 화상께서 설하여 주옵소서."
弟子未達此理 願和尚爲說

대사께서 이르셨다.
師曰

"실로 공덕이 없나니 옛 성인의 말씀을 의심하지 말라.
實無功德 勿疑先聖之言

무제가 마음이 삿되고 정법을 알지 못하면서 절을 짓고 공양을 올리고 보시를 하고 재를 베풀었으니
武帝心邪 不知正法 造寺供養 布施設齋

이는 모두 복을 구함〔求福〕이로다.
名爲求福

복은 공덕이 될 수 없나니
不可將福 便爲功德

공덕은 법신 중에 있고 복을 닦는 데 있지 않느니라."

功德 在法身中 不在修福
공 덕 재법신중 부재수복

그리고 다시 이르셨다.

師又曰
사 우 왈

"본성을 보는 것이 공^功이요

見性是功
견 성 시 공

평등한 것이 덕^德이니

平等是德
평 등 시 덕

생각생각 막힘없이 항상 본성의 진실하고 묘한 작용
을 보는 것을 공덕이라 이름하느니라.

念念無滯 常見本性 眞實妙用 名爲功德
염 념 무 체 상 견 본 성 진 실 묘 용 명 위 공 덕

안으로 마음을 겸손하게 낮추는 것이 공이요

内心謙下是功
내 심 겸 하 시 공

밖으로 예를 행하는 것이 덕이며

外行於禮是德
외 행 어 례 시 덕

자성이 만법을 건립하는 것이 공이요

自性建立萬法是功
자 성 건 립 만 법 시 공

마음의 본체가 생각을 여읜 것이 덕이며

心體離念是德
심 체 이 념 시 덕

자성을 여의지 않는 것이 공이요

不離自性是功
불 리 자 성 시 공

응하여 작용하되 물듦이 없는 것이 덕이니라.

應用無染是德
응 용 무 염 시 덕

만약 공덕법신^{功德法身}을 찾으려 한다면

若覓功德法身
약 멱 공 덕 법 신

다만 이에 의지하여 지을지니

但依此作
단 의 차 작

이것이 참공덕이니라.

是眞功德
시 진 공 덕

공덕을 닦는 이는 마음이 가볍지 아니하고 언제나 모
두를 공경하느니라.

若修功德之人 心卽不輕 常行普敬
약 수 공 덕 지 인 심 즉 불 경 상 행 보 경

마음으로 남을 가벼이 여기고 끊임없이 나를 내세우
면 공이 없음이요

心常輕人 吾我不斷 卽自無功
심 상 경 인 오 아 부 단 즉 자 무 공

자성이 허망하고 진실되지 않으면 덕이 없음이니

자성허망부실 즉자무덕
自性虛妄不實 卽自無德

나를 내세움이 자꾸만 커져서 언제나 모든 것을 가벼
이 여기기 때문이니라.

위오아자대 상경일체고
爲吾我自大 常輕一切故

선지식이여

선지식
善知識

생각생각 끊임없이 이어짐이 공이요

염념무간시공
念念無間是功

마음을 평등하고 곧게 씀이 덕이며

심행평직시덕
心行平直是德

스스로의 본성을 닦는 것이 공이요

자수성시공
自修性是功

스스로의 몸을 닦는 것이 덕이니라

자수신시덕
自修身是德

선지식이여

선지식
善知識

공덕은 모름지기 자성을 안으로 보는 것이니 보시나
공양으로는 구하지 못하느니라.

공덕 수자성내견 불시보시공양지소구야
功德 須自性內見 不是布施供養之所求也

이것이 복덕과 공덕의 다른 점이니

시이복덕여공덕별
是以福德與功德別

무제가 진리를 알지 못하였을 뿐

무제불식진리
武帝不識眞理

우리 조사의 허물이 아니니라.

비아조사유과
非我祖師有過

정토淨土

위공이 또 여쭈었다.

위공
韋公

우문
又問

"제자는 스님과 속인들이 항상 아미타불을 염하며 서

염
念

방극락세계에 태어나고자 함을 보옵니다.

제자 상견승속 염아미타불 원생서방
弟子 常見僧俗 念阿彌陀佛 願生西方

청컨대 화상께서는 설하여 주옵소서.
청화상설
請和尚說

과연 그곳에 태어날 수 있음인지요?
득생피부
得生彼否

저희의 의심을 풀어주소서."
원위파의
願爲破疑

"위사군이여, 잘 들어라 그대를 위해 설하리라.

사군선청 혜능여설
使君善聽 惠能與說

세존께서 사위성에 계실 때 서방국토에 가서 태어남을 말씀하셨는데
세존 재사위성중 설서방인화
世尊 在舍衛城中 說西方引化

경문에 분명히 '여기서 멀지 않다〔去此不遠〕'고 하셨다.

경문 분명거차불원
經文 分明去此不遠

또 상(相)으로 논하시어 '십만팔천리 거리'라 하셨도다.

약논상설 이수유십만팔천
若論相說 里數有十萬八千

십만팔천은 이 몸의 십악(十惡)과 팔사(八邪)이니, 이 때문에 다시 '멀다〔遠〕'고 하셨느니라.
즉신중 십악팔사 변시설원
卽身中 十惡八邪 便是說遠

'멀다' 하신 것은 하근기(下根機)를 위함이요 '가깝다' 하신 것은 상지인(上智人)을 위한 것이다.
설원 위기하근 설근 위기상지
說遠 爲其下根 說近 爲其上智

사람은 두 종류가 있을지라도 법에는 두 가지가 없나니
인유양종 법무양반
人有兩種 法無兩般

미(迷)와 오(悟)가 다르기 때문에 더디고 빠름이 있다고 보는 것이니라.
미오유수 견유지질
迷悟有殊 見有遲疾

미혹한 사람은 염불을 하여 서방극락에 나기를 구하지만

迷人念佛 求生於彼
(미인염불 구생어피)

깨달은 사람은 스스로 그 마음을 깨끗이 하느니라.

悟人自淨其心
(오인자정기심)

이러한 까닭으로 부처님께서 이르셨다.
'마음이 청정해짐에 따라 불국토도 청정해지느니라.'

所以佛言
(소이불언)

隨其心淨 卽佛土淨
(수기심정 즉불토정)

위사군이여, 동방 사람이라도 마음만 청청하면 죄가 없음이요

使君 東方人 但心淨 卽無罪
(사군 동방인 단심정 즉무죄)

비록 서방 사람일지라도 마음이 부정하면 허물이 있기 마련이다.

雖西方人 心不淨 亦有愆
(수서방인 심부정 역유건)

만약 동방 사람이 죄를 지으면 염불하여 서방국토에 나기를 구하면 되지만

東方人造罪 念佛求生西方
(동방인조죄 염불구생서방)

서방 사람이 죄를 지으면 염불하여 어느 국토에 나기를 구할 것인가?

西方人造罪 念佛求生何國
(서방인조죄 염불구생하국)

자성을 밝히지 못한 어리석은 범부는

凡愚不了自性
(범우불료자성)

이 몸 중에 정토가 있음을 모르기 때문에

不識身中淨土
(불식신중정토)

동쪽나라를 원하고 서쪽나라도 원하지만

願東願西
(원동원서)

깨달은 이는 있는 곳마다 다 한가지니라.

悟人在處一般
(오인재처일반)

이러한 까닭으로 부처님께서 이르셨느니라.

所以佛言
(소이불언)

'머무는 곳마다 항상 안락하도다.'

隨所住處恒安樂
(수소주처항안락)

위사군이여, 마음의 땅〔心地〕에 선이 가득하면 서방정
토가 여기서 멀지 않지만 使君 心地但無不善 西方去此不遙
착하지 않은 마음을 품고 있으면 염불을 할지라도 극
락왕생은 어렵느니라. 若懷不善之心 念佛往生難到
내 이제 그대 선지식들에게 권하노라. 今勸善知識
먼저 십악을 제거하면 곧 십만 리를 가게 되고

先除十惡 卽行十萬

다시 팔사를 제거하면 팔천 리를 지나가며

後除八邪 乃過八千

생각생각 본성을 보아 언제나 평등하고 곧게 행하면

念念見性 常行平直

손가락 한 번 튕기는 사이에 정토에 이르러 문득 아미
타불을 보게 되느니라. 到如彈指 便覩彌陀
위사군이여, 십선을 행한다면 어찌 꼭 극락왕생만을
원할 것이며 使君 但行十善 何須更願往生
십악의 마음을 끊지 못한다면 어찌 부처님이 와서 맞이
해 주기를 청할 수 있겠느냐? 不斷十惡之心 何佛卽來迎請
만약 생겨남이 없는〔無生〕 돈법을 깨달으면 서방을 찰
나 사이에 볼 것이나 若悟無生頓法 見西方只在刹那
깨닫지 못하면 염불하여 왕생하기를 구하여도 길이
머나니 어떻게 도달할고? 不悟 念佛求生路遙 如何得達

이제 그대들을 위해 서방정토를 찰나 사이에 옮겨서 눈앞에 보게 하리니 다들 보기를 원하는가?"

惠能 與諸人 移西方於刹那間 目前便見 各願見否

대중이 모두 정례를 올리며 청하였다.

衆皆頂禮云

"서방정토를 이곳에서 볼 수 있을진대 어찌 다시 왕생하기를 바라오리까?

若此處見 何須更願往生

원컨대 화상이시여, 자비로 서방정토를 나타내시어 모두가 보게하여 주옵소서."

願和尚慈悲 便現西方 普令得見

대사께서 이르셨다.

師言

"대중들이여

大衆

세상 사람의 색신은 성이요

世人自色身是城

눈·귀·코·혀·몸·뜻(意)은 문이니

眼耳鼻舌是門

밖으로 눈·귀·코·혀·몸의 다섯 문이 있고

外有五門

안으로 의문이 있느니라.

內有意門

마음은 땅이요 본성은 왕이니

心是地 性是王

왕은 마음땅 위에 자리잡고 있느니라.

王居心地上

본성이 있으면 왕이 존재하고

性在王在

본성이 가면 왕이 없으며

性去王無

본성이 있으면 몸과 마음이 존재하고

性在身心存

본성이 가면 몸과 마음이 허물어지느니라.

性去身心壞

부처를 이루고자 할지면 본성을 향할 뿐

佛向性中作

몸 밖을 향해 구하지 말라. 莫向身外求

자성을 미하면 곧 중생이요 自性迷卽是衆生

자성을 깨치면 곧 부처이니라. 自性覺卽是佛

자비는 곧 관음이요 慈悲 卽是觀音

희사는 곧 대세지보살이며 喜捨 名爲勢至

능히 맑히면(能淨) 곧 석가요 能淨 卽釋迦

평등하고 곧으면(平直) 아미타불이니라. 平直 卽彌陀

남과 나의 대립(人我)이 수미산이요 人我 是須彌

삿된 마음(邪心)은 바닷물이요 邪心 是海水

번뇌는 파도요 煩惱 是波浪

독으로 해치면(毒害) 악룡이요 毒害 是惡龍

허망은 귀신이요 虛妄 是鬼神

진로는 고기나 자라요 塵勞 是魚鼈

탐욕과 분노는 지옥이요 貪嗔 是地獄

어리석음은 축생이니라. 愚痴 是畜生

선지식이여 善知識

항상 십선을 행하면 문득 천당에 이르고

常行十善 天堂便至

나와 남의 대립을 없애면 수미산이 쓰러지며

除人我 須彌倒

삿된 마음이 없으면 바닷물이 마르고 無自心 海水竭

번뇌가 없어지면 파도가 사라지며

煩惱無 波浪滅

독으로 해하고자 하는 마음을 제하면 어룡이 없느니라.

毒害除 魚龍絶

스스로의 마음땅〔自心地〕 위에 각성여래가 대광명을 놓아 밖으로 비추면 육문이 청정하여져서 육욕천을 파하느니라.

自心地上 覺性如來 放大光明外照 六門淸淨 能破六欲諸天

또한 자성이 안으로 비추면 삼독이 곧 없어져서 지옥 등의 죄가 일시에 소멸되느니라.

自性內照 三毒卽除 地獄等罪 一時消滅

이렇게 안과 밖이 철저히 밝으면 서방정토와 어찌 다르며

內外明徹 不異西方

이러한 수행을 닦지 않는다면 어떻게 피안에 이를 수 있으랴."

不作此修 如何到彼

대중들은 설법을 듣고 확연히 견성하여 함께 예배를 드리며 찬탄하였다.

大衆聞說 了然見性 悉皆禮拜

"참으로 거룩하옵니다. 원하옵건대 법계의 모든 중생이 두루 이 법문을 듣고 일시에 깨달아지이다."

俱嘆善哉 唯言 普願法界衆生 聞者一時悟解

대사께서 이르셨다.

師言

"선지식이여

善知識

만약 수행하기를 바란다면
약 욕 수 행
若欲修行

재가(在家)라도 깨달을 수 있나니
재 가 역 득
在家亦得

절에서만 할 수 있는 것이 아니니라.
불 유 재 사
不由在寺

재가인이라도 잘 수행하면
재 가 능 행
在家能行

마음이 착한 동방 사람과 같고
여 동 방 인 심 선
如東方人心善

절에 있으면서도 닦지 않으면
재 사 불 수
在寺不修

마음이 악한 서방 사람과 같으니라.
여 서 방 인 심 악
如西方人心惡

다만 마음을 청정하게 하라.
단 심 청 정
但心清淨

이것이 곧 자성서방극락이니라."
즉 시 자 성 서 방
卽是自性西方

위공이 또 여쭈었다.
위 공 우 문
韋公又問

"재가인은 어떻게 수행해야 하옵니까?
재 가 여 하 수 행
在家如何修行

원하옵건대 가르쳐 주옵소서."
원 위 교 수
願爲教授

대사께서 이르셨다.
사 언
師言

"내가 이제 대중을 위하여 무상송(無相頌)을 설하리니
오 여 대 중 설 무 상 송
吾與大衆 說無相頌

다만 이에 의지하여 닦으면 항상 나와 더불어 함께
있는 것과 같으니라.
단 의 차 수 상 여 오 동 처 무 별
但依此修 常與吾 同處無別

그러나 이에 의지하여 닦지 않는다면 비록 머리를 깎
고 출가를 한들 도에 무슨 이익됨이 있으랴."
약 불 의 차 수 체 발 출 가 어 도 하 익
若不依此修 剃髮出家 於道何益

재가수행게在家修行偈

이 마음이	평등한데	어찌 애써	계 지키며	심 평 하 로 지 계 心平何勞持戒
내 행실이	정직한데	선을 닦을	필요 있나	행 직 하 용 수 선 行直何用修禪
은혜 알아	어버이를	효성 다해	봉양하고	은 즉 효 양 부 모 恩則親養父母
의리 지켜	아래위로	서로 돕고	사랑하라	의 즉 상 하 상 련 義則上下相憐

사양한즉	위아래가	서로서로	화목하고	양 즉 존 비 화 목 讓則尊卑和睦
참고 보면	나쁜 일도	떠들 것이	없어진다	인 즉 중 악 무 훤 忍則衆惡無喧
만일 능히	나무 비벼	불 구하듯	하게 되면	약 능 찬 목 출 화 若能鑽木出火
틀림없이	진흙에서	붉은 연꽃	피어나리	어 니 정 생 홍 련 淤泥定生紅蓮

몸에 좋은	약은 대개	입에 쓰기	마련이요	고 구 적 시 양 약 苦口的是良藥
충성스런	말은 귀에	거슬리기	마련이다	역 이 필 시 충 언 逆耳必是忠言
허물들을	고쳐가면	틀림 없이	지혜 나고	개 과 필 생 지 혜 改過必生智慧
잘못된 것	감출지면	어진 마음	사라진다	호 단 심 내 비 현 護短心內非賢

일상 생활	언제든지	남이롭게	할지니라	일 용 상 행 요 익 日用常行饒益
도 이룸은	돈 쓴다고	되는 것이	아니니라	성 도 비 유 시 전 成道非由施錢
마음 향해	찾아들 때	깨달음이	열리거늘	보 리 지 향 심 멱 菩提只向心覓
쓸데없이	바깥에서	찾아서야	되겠는가	하 로 향 외 구 현 何勞向外求玄

이 말 듣고 이대로만　　부지런히　　닦아가면 　　청설의차수행
聽說依此修行

천당 등의　좋은 세상　네 눈앞에　나타난다 　　서방지재목전
天堂只在目前

대사께서 거듭 이르셨다. 　　사부왈
師復曰

"선지식이여 　　선지식
善知識

모두 이 게송에 의지하여 수행할지니 　　총수의게수행
總須依偈修行

자성을 보아 취하면 　　견취자성
見取自性

바로 불도를 이루노라. 　　직성불도
直成佛道

법은 기다려주지 않나니 　　법불상대
法不相待

대중들은 이만 흩어져라. 　　중인차산
衆人且散

나는 조계로 돌아가리니 누구든지 의심나는 것이 있

으면 묻도록 하여라." 　　오귀조계　중약유의　각래상문
吾歸曹溪 衆若有疑 却來相問

그때 자사를 비롯한 관료들과 법회에 참석한 선남선

녀가 각각 깨달음을 얻어 신수봉행하였다. 　　신수봉행
信受奉行

시자사관료　재회선남선녀　각득개오　신수봉행
時刺史官僚 在會善男善女 各得開悟 信受奉行

제3 정혜일체 定慧一體
선정과 지혜는 하나

정혜定慧

대사께서 대중에게 이르셨다. 師示衆云

"선지식이여, 나의 이 법문은 정혜로써 근본을 삼느니라. 善知識 我此法門 以定慧爲本

대중은 미혹되어 정(선정)과 혜(지혜)를 다르다고 말하지 말라. 大衆 勿迷言定慧別

정과 혜는 일체요 둘이 아니니 定慧一體 不是二

정은 혜의 체요 혜는 정의 작용이니라. 定是慧體 慧是定用

곧 지혜가 발현될 때는 선정이 지혜 속에 있고 卽慧之時定在慧

선정에 들어 있을 때는 지혜가 선정 속에 있나니 卽定之時慧在定

만약 이 도리를 알면 정과 혜를 균등하게 배우는 것이니라. 若識此義 卽是定慧等學

도를 배우는 이들이여 ^{제 학 도 인}諸學道人

선정을 먼저 익힌 다음 지혜를 발한다거나, 지혜를 먼저한 익힌 다음 선정을 발한다고 하면서, 이 둘을 다르다는 식으로 말하지 말라. ^{막 언 선 정 발 혜 선 혜 발 정 각 별}莫言 先定發慧 先慧發定 各別

이와 같은 견해를 짓는 자는 법에 대한 두 가지 상이 있음이니라. ^{작 차 견 자 법 유 이 상}作此見者 法有二相

입으로 선을 말하는 데도 ^{구 설 선 어}口說善語

마음 속이 선하지 않으면 ^{심 중 불 선}心中不善

공연히 선정과 지혜가 따로 있다고 하거나 ^{공 유 정 혜}空有定慧

선정과 지혜가 같지 않다고 하느니라. ^{정 혜 부 등}定慧不等

만약 말과 마음이 함께 선하고 ^{약 심 구 구 선}若心口俱善

안과 밖이 한 가지이면 ^{내 외 일 종}內外一種

선정과 지혜가 곧 함께 함이니라. ^{정 혜 즉 등}定慧卽等

스스로 깨닫고 수행함은 ^{자 오 수 행}自悟修行

입으로 다투는 데 있지 않다. ^{부 재 어 쟁}不在於諍

만약 선정과 지혜의 선과 후를 다툰다면 ^{약 쟁 선 후}若諍先後

이는 곧 미혹한 사람이요 ^{즉 동 미 인}卽同迷人

이기고 지는 것을 끊지 못하고 ^{부 단 승 부}不斷勝負

아와 법에 대한 고집만 더 키워 ^{각 증 아 법}却增我法

사상(아상·인상·중생상·수자상)을 여의지 못하느니라. ^{불 리 사 상}不離四相

선지식이여 ^{선 지 식}善知識

일행삼매[一行三昧]란 모든 곳에서 가거나 머물거나 앉거나 눕거나 항상 한결같이 곧은 마음으로 행하는 것이니라.

一行三昧者 於一切處行住坐臥 常行一直心
일 행 삼 매 자 어 일 체 처 행 주 좌 와 상 행 일 직 심

그래서 정명경[淨名經]에서 이르셨느니라.

如淨名經云
여 정 명 경 운

'곧은 마음[直心]이 도량이요 곧은 마음이 정토니라.'

直心是道場 直心是淨土
직 심 시 도 량 직 심 시 정 토

마음 속에 아첨하거나 바르지 못한 생각을 가지고 입으로만 곧은 것을 말하거나

莫心行諂曲 口但說直
막 심 행 첨 곡 구 단 설 직

입으로 일행삼매를 말하면서 곧은 마음으로 행하지 않는 일이 없어야 하나니

口說一行三昧 不行直心
구 설 일 행 삼 매 불 행 직 심

오직 곧은 마음으로 행하여 일체법에 대한 집착을 갖지 말지니라.

但行直心 於一切法 勿有執着
단 행 직 심 어 일 체 법 물 유 집 착

그러나 미혹한 사람은 법의 모양[法相]에 집착하고 일행삼매에 집착하여 곧잘 말하느니라.

迷人着法相 執一行三昧 直言
미 인 착 법 상 집 일 행 삼 매 직 언

'앉아서 움직이지 않고 허망되이 마음을 일으키지 않는 것이 일행삼매다.'

坐不動 妄不起心 卽是一行三昧
좌 부 동 망 불 기 심 즉 시 일 행 삼 매

이와 같은 견해를 가지면 곧 무정물과 다를 바가 없으니, 이것이 도리어 도를 방해하는 인연이 되느니라.

作此解者 卽同無情 却是障道因緣
작 차 해 자 즉 동 무 정 각 시 장 도 인 연

선지식이여

善知識
선 지 식

도는 모름지기 통하고 흘러야 하느니라. 道須通流^{도 수 통 류}

어찌 도리어 정체되게 할 것인가? 何以却滯^{하 이 각 체}

마음이 법^法(대상)에 머물지 아니하면 心不住法^{심 부 주 법}

도가 곧 통하고 흐르지만 道卽通流^{도 즉 통 류}

마음이 법에 머무르면 心若住法^{심 약 주 법}

스스로 얽매이게 되느니라. 名爲自縛^{명 위 자 박}

만약 앉아서 움직이지 않는 것을 옳다고 한다면, 숲 속에서 편안히 앉아 있던 사리불이 유마거사로부터 꾸짖음을 당한 것과 같이 되리라.

若言坐不動是 只如舍利弗 宴坐林中 却被維摩詰訶
약언좌부동시 지여사리불 연좌림중 각피유마힐하

또한 어떤 사람은 좌선을 가르치되 又有人敎坐^{우 유 인 교 좌}

'마음을 보고 조용히 관하면서 움직이지도 일어나지도 않는 것으로 공부를 삼아라' 하면

看心觀靜 不動不起 從此置功
간 심 관 정 부 동 불 기 종 차 치 공

미혹한 사람은 잘 알지 못하므로 그 가르침에 집착하여 전도^{顚倒}되는 이가 적지 않나니 迷人不會 便執成顚 如此者衆^{미 인 불 회 편 집 성 전 여 차 자 중}

이와 같이 가르치면 크게 어긋나느니라.

如是相敎 故知大錯
여 시 상 교 고 지 대 착

선지식이여 善知識^{선 지 식}

정과 혜는 무엇과 같은가? 定慧 猶如下等^{정 혜 유 여 하 등}

등과 그 빛과 같으니라. 猶如燈光^{유 여 등 광}

등이 있으면 빛이 있고 등이 없으면 곧 어둡나니, 등
은 빛의 본체요 빛은 등의 작용이로다.

유 등 즉 광　무 등 즉 암　등 시 광 지 체　광 시 등 지 용
有燈卽光　無燈卽暗　燈是光之體　光是燈之用

이름은 비록 둘이지만 그 몸은 본래 동일하나니, 선정
과 지혜의 법 또한 이와 같으니라.

명 수 유 이　체 본 동 일　차 정 혜 법　역 부 여 시
名雖有二　體本同一　此定慧法　亦復如是

무념無念·무주無住·무상無相

선지식이여
善知識

바른 가르침에는
本來正敎

본래 단박과 점차가 없지만
無有頓漸

사람에게는 영리함과 우둔함이 있어서
人性自有利鈍

미한 이는 점차로 계합하고
迷人漸契

깨친 이는 단박에 닦나니
悟人頓修

스스로의 본심을 알고
自識本心

스스로의 본성을 본다는 점에 있어서는
自見本性

차별이 없느니라.
卽無差別

이러한 까닭으로 '단박(頓)과 점차(漸)'라는 거짓 이름
을 세우게 되었느니라.
所以 立頓漸之假名

선지식이여
善知識

나의 이 법문은 위로부터 내려오면서

아 차 법 문　 종 상 이 래
我此法門　從上以來

먼저 무념을 세워 종을 삼고

선 립　 무 념 위 종
先立　無念爲宗

무상으로 체를 삼고

무 상 위 체
無相爲體

무주로 근본을 삼나니

무 주 위 본
無住爲本

무상이란 모양에서 모양을 여읨이요

무 상 자　 어 상 이 이 상
無相者　於相而離相

무념이란 생각에 생각이 없음이며

무 념 자　 어 념 이 무 념
無念者　於念而無念

무주란 사람의 본성이 세간의 선악과 밉고 고움, 원수나 친구, 모질고 거친 말을 하거나 속이고 다툴 때

무 주 자　 인 지 본 성　 어 세 간 선 악 호 추　 내 지 원 지 여 친　 언 어 촉 자 기 쟁 지 시
無住者　人之本性　於世間善惡好醜　乃至冤之與親　言語觸刺欺爭之時

그 모두를 공으로 돌려 되갚거나 해칠 생각을 하지 않고

병 장 위 공　 불 사 수 해
並將爲空　不思酬害

생각생각 중에 이미 지나간 경계를 생각하지 않는 것이니라.

염 념 지 중　 불 사 전 경
念念之中　不思前境

만약 앞 생각과 지금 생각과 뒷 생각이 생각에 생각으로 계속 이어져 끊어지지 않으면 계박(얽매임)이라 하고

약 전 념 금 념 후 념　 염 념 상 속 부 단　 명 위 계 박
若前念今念後念　念念相續不斷　名爲繫縛

모든 경계를 대함에 생각생각이 머무르지 아니하면 얽매임이 없나니

어 제 법 상　 염 념 부 주　 즉 무 박 야
於諸法上　念念不住　卽無縛也

이러한 까닭으로 무주가 근본이 된다고 한 것이니라.

차 시 이 무 주 위 본
此是以無住爲本

선지식이여 _{선 지 식} 善知識

밖으로 모든 상을 여의는 것을 무상이라 하나니 _{無 相}

_{외 리 일 체 상 명 위 무 상}
外離一切相 名爲無相

능히 상을 여의면 곧 법의 체는 청정함이로다.

_{능 리 어 상 즉 법 체 청 정}
能離於相 卽法體淸淨

이것이 무상으로써 체를 삼음이니라. _{차 시 이 무 상 위 체} 此是以無相爲體

선지식이여 _{선 지 식} 善知識

모든 경계에 마음이 물들지 않는 것을 무념이라 하나니 _{無 念}

_{어 제 경 상 심 불 염 왈 무 념}
於諸境上 心不染曰無念

스스로의 생각이 항상 모든 경계를 떠나 있어 그 경계에 마음이 생겨나지 않는 것이니라.

_{어 자 념 상 상 리 제 경 불 어 경 상 생 심}
於自念上 常離諸境 不於境上生心

그러나 아무것도 생각하지 않음으로써 모든 생각을 없애고자 하지 말라.

_{약 지 백 물 불 사 염 진 제 각}
若只百物不思 念盡除却

만약 한 생각마저 끊어버리면 곧 죽게 되어 다른 곳에 몸을 받아 나리니

_{일 념 절 즉 사 별 처 수 생}
一念絶卽死 別處受生

이는 크나큰 잘못이라, 도를 배우는 사람은 이를 경계를 해야 하느니라.

_{시 위 대 착 학 도 자 사 지}
是爲大錯 學道者思之

법의 뜻을 바로 알지 못하여 자기 혼자 잘못되는 것은 오히려 어쩔 수 없으나

_{약 불 식 법 의 자 착 유 가}
若不識法意 自錯猶可

다시 타인에게 권하여 미혹됨 속에 빠져 보지 못하게

하고 부처님의 경전까지 비방하게 만들기 때문에 무념을 세워 으뜸으로 삼았느니라.

更權他人 自迷不見 又謗佛經 所以 立無念爲宗
갱권타인 자미불견 우방불경 소이 입무념위종

어찌하여 '무념을 세워 으뜸으로 삼는다'고 하는가?

云何立無念爲宗
운하입무념위종

오로지 입으로만 견성에 대해 늘어놓는 사람이 있기 때문이다.

只緣口說見性
지연구설견성

미혹한 사람은 경계에 대해 생각을 내게 되고 생각 위에 다시 사견을 일으키니

迷人 於境上有念 念上便起邪見
미인 어경상유념 염상변기사견

일체의 번뇌망상이 이로부터 생겨나느니라.

一切塵勞妄想 從此而生
일체진로망상 종차이생

자성은 본래 한 법도 가히 얻을 것이 없거늘

自性本無一法可得
자성본무일법가득

만약 얻을 바가 있다고 하면서 망령되이 화와 복을 말한다면 이것이야말로 번뇌망상이요 사견이니라.

若有所得 妄說禍福 卽是塵勞邪見
약유소득 망설화복 즉시진로사견

그러므로 이 법문에서 무념을 세워 으뜸으로 삼은 것이니라.

故此法門 立無念爲宗
고차법문 입무념위종

선지식이여

善知識
선지식

무라 함은 무엇이 없다는 것이며

無者 無何事
무자 무하사

념이라 함은 무엇을 생각하는 것인가?

念者 念何物
념자 념하물

'무'란 두 가지 상이 없는 것이니

번뇌망상들이이 없는 것이요

'념'이란 진여본성을 생각함이니

진여가 바로 생각의 본체요

생각은 곧 진여의 작용이니라.

생각을 일으키는 것은 진여자성이요

눈·귀·코·혀는 능히 생각하지 못하나니

진여의 본성이 있으므로 생각이 일어날 수 있거니와

만약 진여가 없다면 눈이나 귀, 빛깔과 소리 등은 당장 무너지게 되느니라.

선지식이여

진여자성이 생각을 일으키기 때문에 육근이 비록 보고 듣고 깨닫고 알지라도 모든 경계에 물들지 아니하고 진여자성은 언제나 자재하느니라.

그러므로 정명경에서 이르셨다.

'능히 모든 법의 모양을 밝게 분별하지만 제일의는 움직이지 않느니라.'"

無者 無二相

無諸塵勞之心

念者 念眞如本性

眞如卽是念之體

念卽是眞如之用

眞如自性 起念

非眼耳鼻舌能念

眞如有性所以 起念

眞如若無 眼耳色聲當時卽壞

善知識

眞如自性起念 六根雖有見聞覺知

不染萬境 而眞性常自在

故云

能善分別諸法相 於第一義而不動

제4 교수좌선 敎授坐禪
좌선에 대한 가르침

대사께서 대중들에게 이르셨다.

師示衆云

"선지식이여

善知識

어떤 것을 '좌선坐禪'이라고 하는가?

何名坐禪

이 법문 중에 막힘이 없고 걸림이 없어서

此法門中 無障無碍

바깥의 모든 선악경계에 대해 생각이 일어나지 않는 것이 좌요

外於一切善惡境界 心念不起 名爲坐

안으로 자성이 동요되지 않음을 보는 것이 선이니라.

內見自性不動 名爲禪

어떤 것을 '선정禪定'이라 하는가?

何名禪定

밖으로 상相을 떠나면 선이요

外離相爲禪

안으로 산란하지 않으면 정이니라.

內不亂爲定

만약 바깥의 상에 집착하면 안의 마음이 산란해지고

外若着想 內心卽亂

바깥의 상을 떠나면 마음이 곧 산란하지 않느니라.

외약이상 심즉불란
外若離相 心卽不亂

본성은 스스로 깨끗하고 정하건만

본성 자정자정
本性 自淨自定

오로지 경계를 보고 경계를 생각하기 때문에 산란해지나니

지위견경사경즉란
只爲見境思境卽亂

모든 경계를 보아 마음이 산란하지 않으면 이것이 참된 선정이니라.

약견제경 심불란자 시진정야
若見諸境 心不亂者 是眞定也

선지식이여

선지식
善知識

밖으로 상을 떠나면 선이요

외이상즉선
外離相卽禪

안으로 산란하지 않으면 정이니

내불란즉정
內不亂卽定

외선내정하는 것이 바로 '선정'이니라.

외선내정 시위선정
外禪內定 是爲禪定

정명경에서 이르셨다.

정명경운
淨名經云

'곧바로 활짝 열려 본심을 되찾는다.'

즉시활연 환득본심
卽時豁然 還得本心

보살계경에 이르셨다.

보살계경운
菩薩戒經云

'나의 본성이 원래 스스로 청정하다.'

아본성 원자청정
我本性 元自淸淨

선지식이여

선지식
善知識

생각생각 중에 원래 스스로 청정한 본성을 보아서 스스로 닦고 스스로 행하면 스스로 불도를 이루게 되느니라.

어념념중 자견본성청정 자수자행 자성불도
於念念中 自見本性淸淨 自修自行 自成佛道

그러나 최상승법문 속의 좌선은

연 차문좌선
然 此門坐禪

원래 마음에도 집착하지 않고

원불착심
元不着心

청정함에도 집착하지 않으며
亦不着淨

움직이지 않는 것 또한 아니니라.
亦不是不動

마음을 집착함에 대해 말해보자.
若言着心

마음은 원래 허망한 것이니
心元是妄

마음이 허깨비와 같은 줄 알게 되면
知心如幻

집착하지 않게 되느니라.
故無所着也

청정함을 집착함에 대해 말해보자.
若言着淨

사람의 본성이 본래 청정하건만
人性本淨

망념으로 진여를 덮고 있을 뿐이니
有妄念故 盖覆眞如

망상만 없으면 진여본성은 스스로 청정하니라.

但無妄想 性自清淨

그런데 마음을 일으켜 청정에 집착한다면
起心着淨

이야말로 청정에 대한 망상이니라.
却生淨妄

망상은 원래 처소가 없지만
妄無處所

집착을 하면 곧 망상이 되느니라.
着者是妄

청정은 형상이 없지만
淨無形相

도리어 청정한 상을 세워서
却立淨相

이것을 공부라고 말한다면
言是工夫

이러한 소견이
作此見者

자기의 본성을 가로막아
障自本性

도리어 청정함에 묶이게 되느니라.
却被淨縛

선지식이여

움직이지 않음[不動]을 닦는 이는

모든 사람을 대할 때 시비와 선악과 허물을 보지 않
나니

이것이 곧 자성부동이니라.

善知識

若修不動者

但見一切人時 不見人之是非善惡過患

卽是自性不動

선지식이여

미혹한 이는 몸을 움직이지 않을지라도

입을 열면 문득 타인의 옳고 그름과 길고 짧음과 좋
고 싫음을 말하여 도와 등지게 되나니

善知識

迷人身雖不動

開口便說他人 是非長短好惡 與道違背

만약 마음에 집착하고 청정함에 집착하면 도리어 도
에 장애가 되느니라."

若着心着淨 却障道也

제5 전향참회 傳香懺悔
오분향·참회·서원·귀의법

그때 대사께서는 광주^{廣州}·소주^{韶州}를 비롯한 사방의 선비와 백성들이 법을 들으려고 산중으로 모여드는 것을 보시고 법좌에 올라 대중들에게 이르셨다.

時大師 見廣韶二郡 泊四方士庶 駢集山中聽法 於是 升座告衆曰

"잘 왔도다, 선지식이여.

來善知識

이 일(本分事)은 모름지기 자성^{自性}으로부터 일어나나니

此事 須從自性中起

어느 때나 생각하는 스스로의 마음을 깨끗이하여 스스로 닦고 스스로 행하면

於一切時 念念自淨其心 自修自行

자기 법신을 보고 자기 마음 부처를 보게 되느니라.

見自己法身 見自心佛

이렇게 스스로 제도하고 스스로 경계하면 반드시 얻게 되거늘

自度自戒始得

구태여 이곳까지 올 것이 없었느니라.

不假到此

그러나 먼 길을 마다 않고 이렇게 와서 함께 모인 것은 다 인연이 있기 때문이다. 旣從遠來 一會于此 皆共有緣

이제 모두들 꿇어 앉아라. 今可各各胡跪

먼저 자성의 오분법신향五分法身香을 전수하고, 다음에 무상참회無相懺悔를 전수하리라." 先爲傳自性五分法身香 次授無相懺悔

오분법신향五分法身香

대중 모두가 꿇어 앉자 대사께서 이르셨다. 衆胡跪師曰

"첫째는 계향戒香이다. 一 戒香

곧 자기 마음 속에 그릇됨이 없고 악함이 없고 질투가 없고 탐욕과 성냄이 없고 위협하고 해치고자 함이 없는 것이 계향이니라.

卽自心中 無非 無惡 無嫉妬 無貪嗔 無劫害 名戒香

둘째는 정향定香이다. 二 定香

모든 선악 경계의 상을 대하여 자기 마음이 산란하지 않은 것이 정향이니라. 卽觀諸善惡境相 自心不亂 名定香

셋째는 혜향慧香이다. 三 慧香

자기 마음이 걸림이 없어 언제나 지혜로 자성을 관조하고 自心無碍 常以智慧 觀照自性

모든 악을 짓지 않고 선들을 닦을지라도 마음으로

집착하지 않으며

부조제악 수수중선 심불집착
不造諸惡 雖修衆善 心不執着

윗사람을 공경하고 아랫사람을 보살피고 외롭고 가난한 이를 불쌍히 여기는 것이 혜향이니라.

경상념하 긍휼고빈 명혜향
敬上念下 矜恤孤貧 名慧香

넷째는 해탈향[解脫香]이다.

사 혜탈향
四 解脫香

곧 자기 마음에 반연하는 바가 없어서 선도 생각하지 않고 악도 생각하지 아니하며 자재무애한 것이 해탈향이니라.

즉자심무소반연 불사선불사악 자재무애 명해탈향
卽自心無所攀緣 不思善不思惡 自在無碍 名解脫香

다섯째는 해탈지견향[解脫知見香]이다.

오 해탈지견향
五 解脫知見香

자기 마음에 선악에 대한 반연이 없다고 하더라도 공에 잠겨 고요함을 지키면 안되나니

자심 기무소반연선악 불가침공수적
自心 旣無所攀緣善惡 不可沈空守寂

모름지기 널리 배우고 많이 들어 자기 본심을 알고 제불의 이치를 통달하며

즉수광학다문 식자본심 달제불리
卽須廣學多聞 識自本心 達諸佛理

평화로운 빛으로 사물을 접하되 나도 없고 남도 없나니

화광접물 무아무인
和光接物 無我無人

곧바로 보리에 이르러 참 본성과 다르지 않는 것이 해탈지견향이니라.

직지보리 진성불이 명해탈지견향
直至菩提 眞性不易 名解脫知見香

선지식이여

선지식
善知識

이 오분향은 각자의 내면에서 풍기는 것이니 결코 밖을 향해 찾지 말지어다.

차향 각자내훈 막향외멱
此香 各自內薰 莫向外覓

무상참회 無相懺悔

이제 그대들에게 무상참회(無相懺悔)를 전수하여 삼세(三世)에 지은 죄를 멸하고 삼업(三業)을 청정하게 하리라.

今如汝等 授無相懺悔 滅三世罪 令得三業淸淨

선지식(善知識)이여

함께 나의 말을 따라 외워라.

各隨語 一時道

'제자들의 앞 생각(前念)·지금 생각(今念)·뒷 생각(後念) 등의 모든 생각들이 어리석고 미혹한 데 물들지 않게 하고

弟子等 從前念今念及後念 念念不被愚迷染

이제까지 지은 바 악업인 어리석고 미혹한 죄를 모두 참회하옵니다.

從前所有惡業愚迷等罪 悉皆懺悔

원컨대 일시에 다 소멸되고 영영 다시는 일어나지 않게 하여지이다.

願一時消滅 永不復起

제자들의 앞 생각·지금 생각·뒷 생각 등의 모든 생각들이 교만하고 진실하지 못한 데에 물들지 않게 하고

弟子等 從前念今念及後念 念念不被驕誑染

이제까지 지은 바 악업인 교만함과 거짓된 죄를 모두 참회하옵니다.

從前所有惡業驕誑等罪 悉皆懺悔

원컨대 일시에 다 소멸되고 영영 다시는 일어나지 않게 하여지이다.

願一時消滅 永不復起

제자들의 앞 생각·지금 생각·뒷 생각 등의 모든 생
각들이 질투심에 물들지 않게 하고

제자등 종전념금념급후념 염념불피질투염
弟子等 從前念今念及後念 念念不被嫉妬染

이제까지 지은 바 악업인 질투의 죄를 모두 참회하옵
니다.

소유악업질투등죄 실개참회
所有惡業嫉妬等罪 悉皆懺悔

원컨대 일시에 다 소멸되고, 영영 다시는 일어나지 않
게 하여지이다.'

원일시소멸 영불부기
願一時消滅 永不復起

선지식이여

선지식
善知識

이상을 무상참회라 하느니라.

이상 시위무상참회
已上 是爲無相懺悔

무엇을 이름하여 '참[懺]'이라 하고

운하명참
云何名懺

무엇을 이름하여 '회[悔]'라 하는가?

운하명회
云何名悔

'참[懺]'은 전에 지은 허물을 뉘우침이다.

참자 참기전건
懺者 懺其前愆

이전에 지은 악업인 어리석고 미혹하고 교만하고 속
이고 질투한 죄를 모두 참회하여

종전소유악업우미교광질투등죄 실개진참
從前所有惡業愚迷驕誑嫉妬等罪 悉皆盡懺

영영 다시는 일으키지 않는 것이 '참[懺]'이니라.

영불부기 시명위참
永不復起 是名爲懺

'회[悔]'는 이후에 지을 허물을 뉘우침이다.

회자 회기후과
悔者 悔其後過

앞으로 짓게 될 악업인 어리석고 미혹하고 교만하고
속이고 질투하는 등의 죄를

지금 미리 깨닫고 모두 다 끊어 _{종 금 이 후 소 유 악 업 우 미 교 광 질 투 등 죄}
從今已後所有惡業愚迷驕誑嫉妬等罪

_{금 이 각 오} _{실 개 영 단}
今已覺悟 悉皆永斷

다시는 짓지 않는 것을 '회'라 하느니라. _{갱 불 부 작} _{시 명 위 회}
更不復作 是名爲悔

이러한 까닭으로 '참회'라고 하건만 _{고 칭 참 회}
故稱懺悔

어리석고 미혹한 범부는 이전의 허물만을 뉘우칠 줄
〔懺〕 알 뿐, 앞으로의 허물은 뉘우칠 줄〔悔〕 모르느니
라. _{범 부 우 미} _{지 지 참 기 전 건} _{부 지 회 기 후 과}
凡夫愚迷 只知懺其前愆 不知悔其後過

앞으로의 허물을 뉘우칠 줄〔悔〕 모르면 이전의 허물이
없어지지〔懺〕 않을 뿐 아니라 계속 허물이 생겨나게 되
느니라. _{이 불 회 고} _{전 건 불 멸} _{후 과 우 생}
以不悔故 前愆不滅 後過又生

앞 허물이 없어지지도 않았는데 뒷 허물이 또 다시 일
어난다면 어찌 '참회'라고 이름할 수 있겠는가.

_{전 건 기 불 멸} _{후 과 부 우 생} _{하 명 참 회}
前愆旣不滅 後過復又生 何名懺悔

사홍서원四弘誓願

선지식이여 _{선 지 식}
善知識

이미 참회를 마쳤으니 이제 선지식과 더불어 사홍서
원을 발하리라. _{기 참 회 이} _{여 선 지 식} _{발 사 홍 서 원}
旣懺悔已 與善知識 發四弘誓願

모두들 지극한 마음으로 바로 들어라. _{각 수 용 심 정 청}
各須用心正聽

자심중생 가없으나 맹세코 제도하리다 自心衆生無邊誓願度

자심번뇌 가없으나 맹세코 끊으리이다 自心煩惱無邊誓願斷

자성법문 끝없으나 맹세코 배우오리다 自性法門無盡誓願學

자성불도 위없으나 맹세코 이루오리다 自性無上佛道誓願成

선지식이여 善知識

대중들이 어찌하여 '가없는 중생을 맹세코 제도하리라' 하지 않고 '자심중생'이라 하였는지 궁금하지 않느냐? 大家 旣不道衆生無邊誓願度 恁麽道

이렇게 자심중생이라고 한 까닭은 내가 말하는 제도(度)의 뜻이 다르지 않기 때문이니라. 且不是惠能度

선지식이여 善知識

마음 속의 중생이란 이른 바 心中衆生 所謂

삿되고 미혹한 마음 邪迷心

속이고 허망된 마음 誑妄心

착하지 않은 마음 不善心

질투하는 마음 嫉妬心

모질고 독한 마음 등이로다. 惡毒心

이러한 마음이 모두 중생이니 如是等心 盡是衆生

각자 모름지기 자성으로 자기를 제도하면 이름하여 참된 제도라 하느니라. 各須自性自度 是名眞度

어떤 것이 '자성으로 자기를 제도하는 것'인가?

何名自性自度
하 명 자 성 자 도

자기 마음 속의 사견(邪見)·번뇌·우치(愚癡) 등의 중생을 정견(正見)으로 제도하는 것이니라. 卽自心中 邪見煩惱愚癡衆生 將正見度
즉 자 심 중 사 견 번 뇌 우 치 중 생 장 정 견 도

이미 정견이 있으므로 반야의 지혜로 어리석고 미혹되고 허망한 중생들을 쳐부수어 각각을 스스로 제도하되

既有正見 使般若智 打破愚癡迷妄衆生 各各自度
기 유 정 견 사 반 야 지 타 파 우 치 미 망 중 생 각 각 자 도

삿된 것이 오면 바른 것으로 제도하고
邪來正度
사 래 정 도

미혹함이 오면 깨달음으로 제도하고
迷來悟度
미 래 오 도

어리석음이 오면 지혜로 제도하고
愚來智度
우 래 지 도

악이 오면 선으로 제도하나니
惡來善度
악 래 선 도

이와 같은 제도를
如是度者
여 시 도 자

참된 제도라 이름하느니라.
名爲眞度
명 위 진 도

또 '가없는 번뇌를 맹세코 끊는다' 함은

又煩惱無邊誓願斷
우 번 뇌 무 변 서 원 단

자성의 반야지혜로써 허망한 생각과 마음을 없애버리는 것이니라. 將自性般若智 除却虛妄思想心
장 자 성 반 야 지 제 각 허 망 사 상 심

'끝없는 법문을 맹세코 배운다' 함은 又法門無盡誓願學
우 법 문 무 진 서 원 학

모름지기 자성을 보면서 정법을 행하는 것이니

須自見性 常行正法
수 자 견 성 상 행 정 법

이것이 바로 '참된 배움'이니라.
是名眞學
시 명 진 학

'위없는 불도를 맹세코 이룬다' 함은 　우 무 상 불 도 서 원 성
又無上佛道誓願成

언제나 잘 하심하여 　기 상 능 하 심
旣常能下心

참되고 바르게 행하고 　행 어 진 정
行於眞正

미혹과 깨달음을 함께 떠나 　이 미 이 각
離迷離覺

항상 반야를 내며 　상 생 반 야
常生般若

참됨도 제하고 허망함도 제하여 　제 진 제 망
除眞除妄

곧바로 불성을 보면 　즉 견 불 성
卽見佛性

말 끝에 즉시 불도를 이루게 되느니라. 　즉 언 하 　불 도 성
卽言下 佛道成

이렇게 항상 수행을 생각하는 것이 원력법이니라. 　願 力 法

상 념 수 행 　시 원 력 법
常念修行 是願力法

무상삼귀의계 無相三歸依戒

선지식이여 　선 지 식
善知識

이제 사홍서원을 발하여 마쳤으니 　금 발 사 홍 원 료
今發四弘願了

다시 선지식들에게 　갱 여 선 지 식
更與善知識

상이 없는 삼귀의계를 주리라. 　수 무 상 삼 귀 의 계
授無相三歸依戒

깨달은 이족존께 귀의합니다 　귀 의 각 이 족 존
歸依覺二足尊

올바른 이욕존께 귀의합니다 　귀 의 정 이 욕 존
歸依正離欲尊

청정한 중중존께 귀의합니다 　귀 의 정 중 중 존
歸依淨衆中尊

'금일 이후로는 깨달은 이를 스승으로 삼고

종금일거 칭각위사
從今日去 稱覺爲師

다시는 사마외도(邪魔外道)에 귀의하지 않겠나이다.

갱불귀의사마외도
更不歸依邪魔外道

자성삼보(自性三寶)께서는 항상 스스로 증명하소서.'

이자성삼보 상자증명
以自性三寶 常自證明

선지식에게 권하노니 자성삼보에 귀의하라.

권선지식 귀의자성삼보
勸善知識 歸依自性三寶

불은 깨달음이요

불자각야
佛者覺也

법은 올바름이며

법자정야
法者正也

승은 청정함이니라.

승자정야
僧者淨也

자기 마음이 깨달음(覺)에 귀의하니

자심귀의각
自心歸依覺

삿됨과 미혹함이 나지 않고

사미불생
邪迷不生

적은 욕심으로 만족할 줄 알아서

소욕지족
少欲知足

능히 재물과 색을 떠나므로

능리재색
能離財色

이족존(兩足尊)이라 하느니라.

명이족존
名二足尊

자기 마음이 올바름(正)에 귀의하니

자심귀의정
自心歸依正

생각생각에 사견이 없고

염념불사견
念念無邪見

사견이 없으므로 아상과 인상으로 스스로를 높임이 없고

이무사견고 즉무인아공고
以無邪見故 卽無人我貢高

탐애나 집착함이 없으므로 이욕존이라 하느니라.

탐애집착 명이욕존
貪愛執着 名離欲尊

자기 마음이 청정함〔淨〕에 귀의하니

자심귀의정
自心歸依淨

모든 번뇌와 애욕 경계에

일체진로애욕경계
一切塵勞愛欲境界

자성이 전혀 물들거나 집착하지 않으므로 중중존이라
하느니라.

자성개불염착 명중중존
自性皆不染着 名衆中尊

이와 같은 행을 닦는 것이 자귀의이건만

자귀의

약수차행 시자귀의
若修此行 是自歸依

범부는 이를 알지 못하여 날이면 날마다 삼귀의계를
받느니라.

범부불회 종일지야 수삼귀계
凡夫不會 從日至夜 受三歸戒

만약 부처님께 귀의한다고 할진대 부처님은 어느 곳
에 계시며

약언귀의불 불재하처
若言歸依佛 佛在何處

만약 부처님을 보지 못한다면 무엇을 빙자하여 귀의
할 것인가?

약불견불 빙하소귀
若不見佛 憑何所歸

말이 도리어 허망될 뿐이로다.

언각성망
言却成妄

선지식이여

선지식
善知識

각자 스스로를 관찰하여 마음을 잘못 쓰지 말라.

각자관찰 막착용심
各自觀察 莫錯用心

경문에 분명히 '스스로 부처님께 귀의한다' 하였고

경문분명언 자귀의불
經文分明言 自歸依佛

'다른 부처님께 귀의한다' 하지 않았으니

불신귀의타불
不信歸依他佛

만약 자불(自佛)에 귀의하지 않는다면 의지할 곳이 없음이로다.

자불불귀 무소의처
自佛不歸 無所依處

지금 이미 스스로 깨달았다면 각자가 마땅히 자심삼보에 귀의하여

금기자오 각수귀의자심삼보
今旣自悟 各須歸依自心三寶

안으로 심성을 고르게 하고

내조심성
內調心性

밖으로 다른 사람을 공경하라.

외경타인
外敬他人

이것이 스스로에 귀의함이니라.

시자귀의야
是自歸依也

삼신일체자성불三身一體自性佛

선지식이여

선지식
善知識

이미 자기삼보(自己三寶)에 귀의하였으니 각기 다시 마음을 지극하게 하라.

기귀의자삼보경 각각지심
旣歸依自三寶竟 各各至心

내 이제 그대들에게 삼신이 일체인 자성불(自性佛)에 대해 설하여

오여설일체삼신자성불
吾與說一切三身自性佛

그대들로 하여금 분명히 삼신을 보고 스스로 자성을 깨닫게 하리라.

영여등 견삼신요연 자오자성
令汝等 見三身了然 自悟自性

모두 나를 따라 외워라.

총수아도
總隨我道

자기 색신의 청정법신불께 귀의합니다

어자색신 귀의청정법신불
於自色身 歸依淸淨法身佛

자기 색신의 천백억화신불께 귀의합니다

어자색신 귀의천백억화신불
於自色身 歸依千百億化身佛

자기 색신의 원만보신불께 귀의합니다 _{어 자 색 신 귀 의 원 만 보 신 불}
於自色身 歸依圓滿報身佛

선지식이여 _{선 지 식}
善知識

^{色 身}　　　　^{舍 宅}
색신은 곧 사택(집)이므로 귀의한다고 말할 수 없느니
라. _{색 신 시 사 택 불 가 언 귀 향 자}
色身是舍宅 不可言歸向者

앞의 삼신불은 자성 가운데 있으므로 세상 사람 모
두가 가지고 있건만 _{삼 신 불 재 자 성 중 세 인 총 유}
三身佛 在自性中 世人總有

자기 마음이 미혹되어 안의 본성을 보지 못한 채 밖
^{三 身 如 來}
으로만 삼신여래를 찾아 헤맬 뿐
_{위 자 심 미 불 견 내 성 외 멱 삼 신 여 래}
爲自心迷 不見內性 外覓三身如來

스스로의 몸 가운데 있는 삼신불은 보지 못하느니라.
_{불 견 자 신 중 유 삼 신 불}
不見自身中有三身佛

그대들은 자세히 들어라. _{여 등 청 설}
汝等聽說

그대들로 하여금 자신 속의 자성에 삼신불이 있음을
보게 하리라. _{영 여 등 어 자 신 중 견 자 성 유 삼 신 불}
令汝等 於自身中 見自性 有三身佛

이 삼신불은 자성을 좇아 생겨날 뿐 밖에서는 얻지
못하느니라. _{차 삼 신 불 종 자 성 생 부 종 외 득}
此三身佛 從自性生 不從外得

^{淸 淨 法 身}
어떠한 것이 청정법신인가? _{하 명 청 정 법 신}
何名淸淨法身

세상 사람의 본성은 본래 청정하며 모든 법은 자성으
로부터 생겨나느니라. _{세 인 성 본 청 정 만 법 종 자 성 생}
世人性本淸淨 萬法從自性生

청정 자성이 악한 일을 생각하면 곧 악행을 하게 되고

^{사량일체악사 즉생악행}
思量一切惡事 卽生惡行

차한 일을 생각하면 선행을 하게 되나니

^{사량일체선사 즉생선행}
思量一切善事 卽生善行

이러한 모든 법은 자성 가운데 있느니라.

^{여시제법 재자성중}
如是諸法 在自性中

저 하늘은 항상 맑고 해와 달은 항상 밝다.

^{여천상청 일월상명}
如天常清 日月常明

그러나 구름이 덮히면 구름 위의 하늘은 밝고 구름 아래는 어둡다가

^{위부운개복 상명하암}
爲浮雲蓋覆 上明下暗

문득 바람이 불어 구름이 흩어지면 위와 아래가 함께 밝아 만상이 모두 나타나느니라.

^{홀우풍취운산 상하구명 만상개현}
忽遇風吹雲散 上下俱明 萬象皆現

세상 사람의 마음이 항상 들떠 있는 것이 마치 저 하늘의 구름과 같도다.

^{세인성상부유 여피천운}
世人性常浮游 如彼天雲

선지식이여

^{선지식}
善知識

지는 해요 혜는 달과 같아서 지혜가 항상 밝건만

^{지여일 혜여월 지혜상명}
智如日 慧如月 智慧常明

바깥 경계를 집착함에 따라 망념의 뜬구름이 덮이게 되어 자성이 밝고 환하지 못하게 된 것이니라.

^{어외착경 피망념부운개복 자성부득명랑}
於外着境 被妄念浮雲蓋覆 自性不得明朗

만약 선지식을 만나 참된 정법을 듣고 스스로 미망을 제거하면
若遇善知識 聞眞正法 自除迷妄

안과 밖이 환하게 밝아 자성 가운데에 만법이 모두 나타나게 되느니라.
內外明徹 於自性中 萬法皆現

견성한 사람 또한 이와 같나니
見性之人 亦復如是

이것이 청정법신불이니라.
此名淸淨法身佛

선지식이여
善知識

스스로의 마음으로 자성에 귀의하는 것이 진짜 부처님께 귀의하는 것이니라.
自心歸依自性 是歸依眞佛

'스스로 귀의함'은
自歸依者

자성 가운데의 착하지 않은 마음[不善心]·질투심·교만심·자존심과 허황한 마음[誑妄心]·남을 업신 여기는 마음[輕人心]·거만한 마음[慢人心]·사견심·자기를 높이고 뽐내는 마음[貢高心] 등과 일체 착하지 않은 행을 버리고
除却自性中 不善心 嫉妬心 驕慢心 吾我心 誑妄心 輕人心 慢人心 邪見心 貢高心 及一切時中 不善之行

항상 자기 허물을 볼 뿐 남의 좋고 나쁜 점을 말하지 않는 것이 자귀의니라.
常自見己過 不說他人好惡 是自歸依

또한 항상 하심하면서 널리 공경하면 곧 본성을 보고 통달하여
常須下心 普行恭敬 卽是見性通達

다시는 막히거나 걸림이 없게 되는 것이 자귀의니라.

갱 무 체 애　시 자 귀 의
更無滯碍 是自歸依

어떠한 것이 천백억화신인가?
千百億化身

하 명 천 백 억 화 신
何名千百億化身

만약 만법을 생각하지 않으면 본성이 본래 허공과 같
지만
약 불 사 만 법　성 본 여 공
若不思萬法 性本如空

한 생각 헤아리면 변화라고 하느니라.
일 념 사 량　명 위 변 화
一念思量 名爲變化

악한 일을 생각하면 변화하여 지옥이 되고
사 량 악 사　화 위 지 옥
思量惡事 化爲地獄

착한 일을 생각하면 변화하여 천당이 되며
사 량 선 사　화 위 천 당
思量善事 化爲天堂

독해심은 변화하여 용이나 뱀이 되고
毒害心
독 해 화 위 용 사
毒害化爲龍蛇

자비는 변화하여 보살이 되고
慈悲
자 비 화 위 보 살
慈悲化爲菩薩

지혜는 변화하여 높은 세계〔上界〕가 되고
智慧
상 계
지 혜 화 위 상 계
智慧化爲上界

우치는 변화하여 낮은 세계〔下方〕가 되나니.
愚癡
하 방
우 치 화 위 하 방
愚癡化爲下方

자성의 변화가 심히 많건만
자 성 변 화 심 다
自性變化甚多

미혹한 사람은 살피고 깨닫지 못하여
미 인　불 능 성 각
迷人 不能省覺

생각생각 악을 일으켜 늘 악도로 나아가느니라.
惡道
염 념 기 악　상 행 악 도
念念起惡 常行惡道

그리고 한 생각을 선으로 돌이키면 곧 지혜가 생기나
니
회 일 념 선　지 혜 즉 생
廻一念善 智慧卽生

이것을 자성의 화신불이라 이름하느니라.
차 명 자 성 화 신 불
此名自性化身佛

어떠한 것이 원만보신인가?   <ruby>圓滿報身<rt>원 만 보 신</rt></ruby>
<ruby>何名圓滿報身<rt>하 명 원 만 보 신</rt></ruby>

마치 한 등불이 천년의 어둠을 능히 없애듯이

<ruby>一燈能除千年暗<rt>일 등 능 제 천 년 암</rt></ruby>

한 지혜가 능히 만년의 어리석음을 없애느니라.

<ruby>一智能滅萬年愚<rt>일 지 능 멸 만 년 우</rt></ruby>

과거의 일은 생각하지 말라.   <ruby>莫思向前<rt>막 사 향 전</rt></ruby>

이미 지나갔으므로 가히 얻을 수 없느니라.   <ruby>已過不可得<rt>이 과 불 가 득</rt></ruby>

항상 이후를 생각하면서   <ruby>常思於後<rt>상 사 어 후</rt></ruby>

생각들을 둥글고 밝게 하여   <ruby>念念圓明<rt>염 념 원 명</rt></ruby>

자기의 본성을 볼지니라.   <ruby>自見本性<rt>자 견 본 성</rt></ruby>

선과 악은 비록 다르나   <ruby>善惡雖殊<rt>선 악 수 수</rt></ruby>

본성은 둘이 없나니   <ruby>本性無二<rt>본 성 무 이</rt></ruby>

둘이 없는 본성이   <ruby>無二之性<rt>무 이 지 성</rt></ruby>

진실한 본성이며   <ruby>名爲實性<rt>명 위 실 성</rt></ruby>

진실한 본성 속에서   <ruby>於實性中<rt>어 실 성 중</rt></ruby>

선악에 물들지 않는 것이   <ruby>不染善惡<rt>불 염 선 악</rt></ruby>

원만보신불이니라.   <ruby>此名圓滿報身佛<rt>차 명 원 만 보 신 불</rt></ruby>

자성에 악한 한 생각이 일어나면 만겁동안 심은 선한

씨〔<ruby>善因<rt>선 인</rt></ruby>〕를 없애고   <ruby>自性起一念惡<rt>자 성 기 일 념 악</rt></ruby> <ruby>滅萬劫善因<rt>멸 만 겁 선 인</rt></ruby>

자성에 선한 한 생각이 일어나면 항하의 모래 수만큼

의 수많은 악들이 모두 없어져 곧바로 무상보리에 이

르게 되나니

_{자성기일념선　득항사악진　직지무상보리}
自性起一念善　得恒沙惡盡　直至無上菩提

생각생각 스스로 보아 근본 생각을 잃지 않는 것을

보신이라 하느니라.

_{염념자견　불실본념　명위보신}
念念自見　不失本念　名爲報身

선지식이여

_{선지식}
善知識

법신을 좇아 생각함이 곧 화신불이요

_{종법신사량　즉시화신불}
從法身思量　卽是化身佛

생각생각 자성을 스스로 보는 것이 곧 보신불이며

_{염념자성자견　즉시보신불}
念念自性自見　卽是報身佛

스스로 깨닫고 스스로 닦는 자성의 공덕이 진정한 귀

의이니라.

_{자오자수　자성공덕　시진귀의}
自悟自修　自性功德　是眞歸依

가죽과 살로 된 몸은 _{색신}색신이요 색신은 집이니, 집인

색신에는 귀의한다고 말하지 않느니라.

_{피육시사택　색신시사택　불언귀의야}
皮肉是色身　色身是舍宅　不言歸依也

다만 깨달아라. 자성삼신을!

_{자성삼신}
_{단오자성삼신}
但悟自性三身

곧바로 자성불을 알게 되느니라.

_{즉식자성불}
卽識自性佛

나에게 한 _{무상송}무상송이 있으니 능히 외우고 지니면

_{오유일무상송　약능송지}
吾有一無相頌　若能誦持

오랜 겁동안 쌓아온 미혹됨과 죄를 일시에 소멸하게

되리라.

_{언하령여　적겁미죄　일시소멸}
言下令汝　積劫迷罪　一時消滅

진참회게 眞懺悔偈

미한 이는	도가 아닌	복을 닦나니	미 인 수 복 불 수 도 迷人修福不修道
복 닦으며	도를 닦고	있다고 하네	지 언 수 복 변 시 도 只言修福便是道
보시 공양	행하는 복	많기는 하나	보 시 공 양 복 무 변 布施供養福無邊
마음속의	삼악도는	어쩔 수 없네	심 중 삼 악 원 래 조 心中三惡元來造

복 닦으면	죄 멸한다	말하지 말라	의 장 수 복 욕 멸 죄 擬將修福欲滅罪
복 받은 뒤	죄는 그냥	남게 되나니	후 세 득 복 죄 환 재 後世得福罪還在
죄의 인연	마음에서	없애려 하면	단 향 심 중 제 죄 연 但向心中除罪緣
자성 속의	진참회를	이룰지니라	각 자 성 중 진 참 회 各自性中眞懺悔

문득 대승	진참회를	깨달은 다음	홀 오 대 승 진 참 회 忽悟大乘眞懺悔
바르게만	나아가면	죄 없어지고	제 사 행 정 즉 무 죄 除邪行正卽無罪
도 배우며	항상 자성	관하게 되면	학 도 상 어 자 성 관 學道常於自性觀
바로 모든	부처님과	같아지노라	즉 여 제 불 동 일 류 卽與諸佛同一類

조사들이	돈오법만	전한 까닭은	오 조 유 전 차 돈 법 吾祖唯傳此頓法
견성하여	한 몸 됨을	원함이로다	보 원 견 성 동 일 체 普願見性同一體
누구든지	법신 찾기	바랄진데는	약 욕 당 래 멱 법 신 若欲當來覓法身
모든 것의	상을 떠나	마음 씻어라	이 제 법 상 심 중 세 離諸法相心中洗

흥청망청　놀지 말고　노력하여서
努力自見莫悠悠

뒷생각이　끊어지면　할 일 마치니
後念忽絶一世休

대승참회　깨달아서　견성하려면
若悟大乘得見性

합장하고　지성으로　구할지니라
虔恭合掌至心求

선지식이여
善知識

모두들 이 게송을 외우고 이 게송을 의지하여 수행하라.
總須誦取 依此修行

이에 의해 견성하면 비록 나와 천리를 떨어져 있다 할지라도 항상 내 곁에 있는 것과 같으며
言下見性 雖去吾千里 如常在吾邊

만약 이 말 아래 깨치지 못하면 나와 얼굴을 맞대고 있을지라도 천리를 떨어져 있는 것과 같도다.
於此言下不悟 卽對面千里

굳이 천리 밖에서 부지런히 찾아올 것이 무엇이랴.
何勤遠來

진중히 잘들 가시오."
珍重好去

법문을 들은 대중들은 깨치지 않은 이가 없었고, 모두가 환희하며 받들어 행하였다.
一衆聞法 靡不開悟 歡喜奉行

제6 참청기연 參請機緣
참례하여 청한 기연들

대사께서 황매산의 오조^{五祖}로부터 법을 받고 소주 조후^{曹侯} 촌^村에 이르렀을 때 아무도 아는 이가 없었다.

師自黃梅得法 回至韶州曹侯村 人無知者

오직 유지략^{劉志略}이라는 유가의 선비만이 예의를 다하여 매우 후하게 대접하였다.

有儒士劉志略 禮遇甚厚

유지략의 고모는 무진장^{無盡藏}이라는 이름을 가진 비구니였으며, 늘 대열반경^{大涅槃經}을 지송하였다.

志略 有姑爲尼 名無盡藏 常誦大涅槃經

대사께서는 그 경전을 읽는 것을 듣고 오묘한 뜻을 파악하여 해설하여 주셨다.

師暫聽 卽知妙義 遂爲解說

이에 무진장 비구니가 대열반경을 들고 와서 글자를 여쭈자 대사께서 이르셨다.

尼乃執卷問字 師曰

"글자는 모르니 뜻을 물어라."

字卽不識 義卽請問

"글자도 모르는데 어찌 뜻을 압니까?"

字尙不識 曷能會義

"모든 부처님의 묘한 진리는 문자에 상관하지 않느니라."

제불묘리 비관문자
諸佛妙理 非關文字

비구니는 경이롭게 여겨 마을의 덕이 높은 노인들에게 이 사실을 퍼뜨리며 말하였다.

니경이지 변고리중기덕운
尼驚異之 便告里中耆德云

"틀림없이 도가 있는 분입니다. 마땅히 청하여 공양을 올리십시오."

차시유도지사 의청공양
此是有道之士 宜請供養

이에 진무후의 고손자인 조숙량과 주민들이 다투어 찾아와서 예배를 드렸다.

유진무후현손조숙량 급거민 경래첨례
有晋武侯玄孫曹叔良 及居民 競來瞻禮

이곳에 있었던 보림사는 수나라 말기의 전쟁 때 타버려서 터만 남아 있었는데

시보림고사 자수말 병화이폐
時寶林古寺 自隋末 兵火已廢

이 터에 다시 절을 지어 대사를 계시게 하자 갑자기 보배로운 곳이 되었다.

수어고기 중건범우 연사거지 아성보방
遂於故基 重建梵宇 延師居之 俄成寶坊

대사께서 이곳에 9개월 남짓 머물렀을 때 또다시 악한 무리들이 쫓아왔으므로 앞산으로 피하셨다.

사주구개여월 우위악당심축 사내둔우전산
師住九月餘日 又爲惡黨尋逐 師乃遁于前山

그들이 산에 불을 질러 초목들이 타올랐으므로 대사께서는 바위 틈에 몸을 숨겨 난을 면하셨다.

피기종화분소초목 사은신애입석중 득면
被其縱火焚燒草木 師隱身挨入石中 得免

지금도 그 바위에는 대사께서 가부좌하고 앉았을 때의 무릎 흔적과 옷자락 무늬가 남아 있으며

석어시 유사부좌슬흔 급의포지문
石於是 有師趺坐膝痕 及衣布之紋

이로 인해 그 바위를 피난석^{避難石}이라 부르게 되었다.

인 명 피 난 석
因名避難石

대사는 오조께서 '회^懷'를 만나면 머물고 '회^會'를 만나면 숨으라고 하신 부촉대로 회집현^{懷集縣}과 사회현^{四會縣}의 두 고을에 몸을 숨기셨다.   사 억 오 조 회 회 지 장 지 촉 수 행 은 거 이 읍 언
師憶五祖 懷會止藏之囑 遂行隱于二邑焉

법해法海선사와 즉심즉불卽心卽佛

승려 법해는 소주 곡강^{曲江} 사람으로 조사를 찾아와서 여쭈었다.   일 승 법 해 소 주 곡 강 인 야 초 참 조 사 문 왈
一僧法海 韶州曲江人也 初參祖師 問曰

"즉심즉불^{卽心卽佛}(마음이 곧 부처)의 뜻을 가르쳐 주옵기를 원하옵니다."

즉 심 즉 불 원 수 지 유
卽心卽佛 願垂指諭

"앞 생각 나지 않음이 곧 마음이요
전 념 불 생 즉 심
前念不生卽心

뒷 생각 멸하지 않음이 곧 부처니라
후 념 불 멸 즉 불
後念不滅卽佛

일체상^{一切相}을 이룸이 곧 마음이요
성 일 체 상 즉 심
成一切相卽心

일체상을 여읨이 곧 부처니라
이 일 체 상 즉 불
離一切相卽佛

내 이를 갖추어 설할진대는 겁이 다해도 다 말할 수 없나니, 나의 게송을 들어라.   오 약 구 설 궁 겁 부 진 청 오 게
吾若具說 窮劫不盡 聽吾偈

즉심의 이름은 지혜요
즉 심 명 혜
卽心名慧

즉불은 바로 선정이니라
즉 불 내 정
卽佛乃定

선정과 지혜가 서로 같아지면 　정 혜 등 등
定慧等等

마음 속이 청정하여지느니라 　의 중 청 정
意中清淨

이 법문을 깨닫는 것은 　오 차 법 문
悟此法門

그대의 습성과 관계 있나니 　유 여 습 성
由汝習性

본래 남이 없음을 써서 　용 본 무 생
用本無生

정과 혜를 쌍수하면 바르다 하리 　쌍 수 시 정
雙修是正

법해가 언하에 대오하고 게송을 지어 찬탄하였다.

法海 言下大悟 以偈讚曰

이 마음이 원래 부처이거늘 　즉 심 원 시 불
卽心元是佛

깨닫지 못해 스스로 굽혔었네 　불 오 이 자 굴
不悟而自屈

내 이제 정과 혜의 근본을 알아서 　아 지 정 혜 인
我知定慧因

쌍으로 닦아 모든 상을 여의노라 　쌍 수 이 제 물
雙修離諸物

법달法達의 불지견佛知見과 중생지견

승려 법달은 홍주 사람이다. 　승 법 달 　홍 주 인
僧法達 洪州人

7세에 출가하여 늘 법화경을 외웠는데

칠 세 출 가 　상 송 법 화 경
七歲出家 常誦法華經

조사를 찾아와 예배를 할 때 머리가 땅에 닿지 않았
으므로 조사께서 꾸짖었다. 　내 례 조 사 　두 부 지 지 　조 사 왈
來禮祖師 頭不至地 祖詞曰

"절을 하면서 머리를 땅에 붙이지 않으니 절을 아니함만도 못하구나. 禮不投地 何如不禮

정녕 그대 마음 속에 한 물건[一物]이 있음이로다. 汝心中 必有一物

그동안 익혀 온 것이 무엇이더냐?" 蘊習何事耶
"법화경을 3천 번 외웠습니다." 念法華經 已及三千部
"만약 네가 만 번을 외워 경의 뜻을 얻고 汝若念至萬部 得其經意

그것을 자랑으로 삼지 않으면 나와 더불어 함께 할 수 있을 것이다. 不以爲勝則與吾偕行

그러나 너는 지금 그 일을 자부하면서 도무지 허물되는지 조차도 모르고 있구나. 汝今負此事業 都不知過
나의 게송을 들어라." 聽吾偈

예배는 본래 아만을 꺽자는 것 禮本折慢幢
어찌하여 머리가 땅에 닿지 않는가 頭奚不至地
나가 있으면 죄가 곧 생겨나고 有我罪卽生
공을 잊으면 복이 비할 데 없도다 亡功福無比

조사께서 또 이르셨다. 師又曰
"이름이 무엇이냐?" 汝名什麽

"법달이옵니다."

"이름은 법달인데 어찌 법을 통달하지는 못하였느냐?

汝名法達 何曾法達

다시 나의 게송을 들어라."

復說偈

너의 지금 이름이 법달이건만
汝今名法達

부지런히 외울 뿐 쉬지를 못하네
勤誦未休歇

공연히 외우면 소리만 좇게 되고
空誦但循聲

마음을 밝히면 보살이 되느니라
明心號菩薩

네가 나와 더불어 인연이 있기에
汝今有緣故

내 이제 너를 위해 설하노니
吾今爲汝說

다만 부처님의 말 없음을 믿으면
但信佛無言

연꽃이 입에서 피어나리라
蓮華從口發

게송을 듣고 깊이 뉘우친 법달이 아뢰었다.

達聞偈悔謝曰

"지금 이후로는 겸허하게 일체를 공경하겠나이다.

而今而後 當謙恭一切

제자는 법화경을 외우지만 아직 경의 뜻을 알지 못하여 마음에 항상 의심이 있습니다.

弟子 誦法華經 未解經義 心常有疑

화상께서는 지혜가 광대하시니 법화경의 뜻과 이치를 간략히 설하여 주십시오."
和尚智慧廣大 願略說經中義理

"법달아
法達

법은 깊게 달하였건만 너의 마음은 달하지 못하였고
法卽甚達 汝心不達

경은 본래 의심할 것이 없건만 네 마음이 스스로 의심하는 것이다.
經本無疑 汝心自疑

네가 외우는 법화경은 무엇을 종으로 삼고 있느냐?"
汝念此經 以何爲宗

"학인은 근성이 어둡고 둔하여 이제까지 글자에 매달려 외웠을 뿐이니 어찌 종취를 알겠나이까?"
學人 根性暗鈍 從來但依文誦念 豈知宗趣

"나는 글자를 모르니, 네가 경을 한 번 읽어 보아라. 마땅히 너를 위해 해설하리라."
吾不識文字 汝試取經 誦之一編 吾當爲汝解說

법달이 큰 소리로 경을 외워 비유품까지 읽었을 때 조사께서 이르셨다.
法達 卽高聲念經 至譬喩品

"그만 읽어라. 이 법화경은 원래 인연출세를 종(근본)으로 삼고 있나니
止 此經元來 以因緣出世爲宗

비록 여러 가지 비유를 들어 말씀하셨으나 이를 넘어서지 않느니라.
縱說多種譬喩 亦無越於此

인연이라 함은 무엇인가? 何者因緣

경에서 이르셨다. 經云

'제불세존은 오직 일대사인연으로 이 세상에 출현하신다.'
諸佛世尊 唯以一大事因緣故 出現於世

일대사란 부처님의 지견이다. 一大事者 佛之知見也

세상 사람들은 밖으로 미혹하여 상에 집착하고 안으로 미혹하여 공에 집착하나니
世人 外迷着相 內迷着空

만약 능히 상에서 상을 떠나고 공에서 공을 떠나면 즉시 안과 밖으로 미혹하지 않게 되느니라.
若能於相離相 於空離空 即是內外不迷

이 법을 깨달아 한 생각에 마음이 열리면 이것이 불지견을 여는 것이니라.
若悟此法 一念心開 是爲開佛知見

불은 깨달음〔覺〕이라는 뜻이며 佛猶覺也

네 가지 문으로 나눌 수 있느니라. 分爲四門

깨달음의 지견을 열고 開覺知見

깨달음의 지견을 보이고 示覺知見

깨달음의 지견을 깨닫고 悟覺知見

깨달음의 지견에 들어감이니라. 入覺知見

만약 깨달음의 지견을 열어 보이심〔開示〕을 듣고 깨달아 들어가게 되면〔悟入〕
若聞開示 便能悟入

본래의 참된 본성속에 있는 깨달음의 지견이 나타나

게 되느니라. 　　　　즉각지견본래진성 이득출현
　　　　　　　　　　　　　卽覺知見本來眞性 而得出現

너는 조심하여 경의 뜻을 그릇 알지 말라. 여신물착해경의
　　　　　　　　　　　　　汝愼勿錯解經意

경에서 이르신 '열어 보이고 깨달아 들어간다〔개
開
시오입
示悟入〕'에 대해 　　　　　견타도시오입
　　　　　　　　　　　　　見他道示悟入

'이것은 부처님의 지견일 뿐 우리의 분수에 맞지 않는
다'고 하면 　　　　　자시불지지견 아배무분
　　　　　　　　　　　　　自是佛之知見 我輩無分

이는 경전을 비방함과 동시에 부처님을 헐뜯는 것이
니라. 　　　　약작차해 내시방경훼불야
　　　　　　　　　　　　　若作此解 乃是謗經毀佛也

이미 부처요 이미 지견을 갖추었으면 다시 무엇을 열
리오. 　　　　기시불 이구지견 하용갱개
　　　　　　　　　　　　　旣是佛 已具知見 何用更開

너는 지금 불지견이 네 자신의 마음일 뿐, 별다른 부
처가 없음을 마땅히 믿을지니라.
여금당신 불지견자 지여자심 갱무별불
汝今當信 佛知見者 只汝自心 更無別佛

일체중생은 스스로의 광명을 가린 채 개위일체중생자폐광명
　　　　　　　　　　　　　蓋爲一切衆生自蔽光明
육진의 경계를 탐하고 사랑하여 탐애진경
　　　　　　　　　　　　　貪愛塵境
밖으로 반연하고 안으로 흔들리며 외연내요
　　　　　　　　　　　　　外緣內擾
분주함 속에서 시달림을 달게 받고 있음이니라. 감수구치
　　　　　　　　　　　　　甘受驅馳
이에 세존께서는 삼매에 들었다가 일어나서
편로타세존 종삼매기
便勞他世尊 從三昧起

여러 가지 간곡한 말씀으로 저들에게 권하여 편안히
쉴 수 있도록 하신 것이다. 종종고구 권령침식
　　　　　　　　　　　　　種種苦口 勸令寢息

밖을 향해 구하지만 않으면 부처님과 더불어 둘이 없게 되나니

막향외구 여불무이
莫向外求 與佛無二

이러한 까닭으로 부처님께서 '불지견을 열라'고 하신 것이요

고운개불지견
故云開佛知見

나 또한 모든 사람에게 권하노니

오역권일체인
吾亦勸一切人

자기 마음 속에서 항상 불지견을 열지니라.

어자심중 상개불지견
於自心中 常開佛之知見

세상 사람은 마음이 삿되고

세인심사
世人心邪

어리석고 미혹하여 죄를 짓나니

우미조죄
愚迷造罪

입은 선하되 마음은 악하여

구선심악
口善心惡

탐욕·분노·질투·아첨·아만 등으로

탐진질투 아첨아만
貪嗔嫉妬 阿諂我慢

남을 침해하고 일을 그르쳐서

침인해물
侵人害物

스스로의 중생지견을 여느니라.

자개중생지견
自開衆生知見

만약 능히 마음을 바르게 하고

약능정심
若能正心

항상 지혜를 내어

상생지혜
常生智慧

자기 마음을 비추어 보아서

관조자심
觀照自心

악을 그치고 선을 행하면

지악행선
止惡行善

이것이 불지견을 스스로 여는 것이니라.

시자개불지견
是自開佛之知見

너는 모름지기 생각생각에 불지견을 열고 중생지견을 열지 말라.

여수염념 개불지견 물개중생지견
汝須念念 開佛知見 勿開衆生知見

불지견을 열면 곧 출세간이요

개불지견 즉시출세
開佛知見 卽是出世

중생지견을 열면 곧 세간이니라. 開衆生知見 即是世間

네가 다만 고집스럽게 힘들여서 경을 외우는 것을 공과로 삼는다면 汝若但勞勞執念 以爲功課者

설산의 니우가 제 꼬리를 사랑하는 것과 무엇이 다르겠느냐?" 何異犂牛愛尾

"그렇다면 경의 뜻만 이해하고 수고롭게 경을 읽지 않는 것이 좋으리까?" 若然者 但得解義 不勞誦經耶

"경에 무슨 허물이 있다고 경 읽는 것을 못하게 하랴? 經有何過 豈障汝念

무릇 미와 오는 사람에게 있고 只迷悟在人

손해되고 이익됨은 모두 자기에게 달렸느니라. 損益由己

입으로 외우고 마음으로 행하면 곧 경을 굴리는 것이요 口誦心行 即是轉經

입으로는 외워도 마음으로 행하지 않으면 경에 굴림을 당하느니라. 口誦心不行 即是被轉經

나의 게송을 들어라." 聽吾偈

마음 미혹하면 법화경이 나를 굴리고 心迷法華轉

마음 깨달으면 내가 법화경을 굴린다 心悟轉法華

경을 외워 오래토록 밝히지 못하면 誦經久不明

뜻과는 오히려 원수처럼 등을 지네 與義作讐家

무념이면 생각이 바르게 나아가고 　無念念卽正

유념이면 생각이 삿된 길을 이루며 　有念念成邪

유념 무념 모두 다 헤아리지 않으면 　有無俱不計

백우거를 타고서 길이길이 노닌다네 　長御白牛車

법달이 게송을 듣고 저도 모르게 눈물을 흘리다가 크게 깨닫고 조사께 아뢰었다.

達聞偈 不覺悲泣 言下大悟 而告師曰

"법달은 이제까지 한 번도 법화경을 굴리지 못하고 법화경에 굴림을 당하였습니다."

法達 從昔已來 實未曾轉法華 乃被法華轉

그리고 다시 여쭈었다.

再啓曰

"경에 이르기를, '대성문들과 보살들이 모든 생각을 다 기울여 함께 헤아릴지라도 부처님의 지혜는 측량하지 못한다'고 하였습니다.

經云諸大聲聞乃至菩薩 皆盡思共度量 不能測佛智

그런데 지금 '범부가 자기 마음만 깨달으면 곧 불지견이라 이름한다' 하시니 　今令 凡夫但悟自心 便名佛之知見

상근기가 아니면 의심과 비방을 하지 않을 수 없을 것입니다.

自非上根 未免疑謗

또 경에서 '삼거(양수레·사슴수레·소수레)'를 말씀하셨는데, 이 세 수레와 백우거(흰 소가 고는 수레)는 어떻게 구분해야 하는 지를 다시 가르쳐 주소서."

又經說三車 羊鹿之車 與白牛之車 如何區別 願和尙 再垂開示

"경의 뜻이 분명하거늘 네 스스로 미혹하여 등을 지는 구나.

經意分明 汝自迷背

모든 삼승인(세 수레를 타는 성문·연각·보살)이 부처님의 지혜를 측량하지 못하는 것은 짐작으로 헤아리는 병이 있기 때문이니

諸三乘人 不能測佛智者 患在度量也

비록 저들이 있는 힘을 다하여 함께 추구하더라도 더욱더 멀어질 뿐이니라.

饒伊盡思共推 轉加懸遠

부처님께서는 본래 범부를 위하여 설하셨을 뿐, 부처님을 위해 설하지 않았노라.

佛本爲凡夫說 不爲佛說

이 도리를 믿지 않는 이라면 이 자리에서 물러감을 스스로에게 맡겨둘 뿐이니

此理 若不肯信者 從他退席

스스로 백우거에 앉아 있는데도 다시 문 밖의 삼거를 찾아 헤매는 것임을 그들은 알지 못하느니라.

殊不知 坐却白牛車 更於門外 覓三車

하물며 경문에서 분명히 이르셨지 않느냐?

況經文 明向汝道

'오직 일불승만 있을 뿐이요 이승·삼승 등의 다른 수레는 없다.'

唯一佛乘 無有餘乘 若二若三

'무수한 방편과 여러 가지 인연담과 비유의 말씀이 모두 일불승인 이 법을 위함이다.'

무수방편 종종인연 비유언사 시법개위 일불승고
無數方便 種種因緣 譬喩言詞 是法皆爲 一佛乘故

너는 어찌 세 수레가 예전 사람을 위한 거짓 방편이요 일승이 지금 사람을 위한 진실임을 살피지 못하는가?

여하불성 삼거시가 위석시고 일승시실 위금시고
如何不省 三車是假 爲昔時故 一乘是實 爲今時故

이는 다만 너로 하여금 거짓을 버리고 진실로 돌아오게 하려는 것이니

지교여 거가귀실
只教汝 去假歸實

진실로 돌아온 다음에는 진실이라는 이름 또한 없느니라.

귀실지후 실역무명
歸實之後 實亦無名

마땅히 알아라.

응지
應知

있는 바 모든 보물과 재산이 모두 그대의 것인지라 마음대로 받아쓸지니

소유진재 진속어여 유여수용
所有珍財 盡屬於汝 由汝受用

다시는 아버지니 아들이니 하는 생각을 하지 말고 받아쓴다는 생각도 하지 말라.

부작부상 역부작자상 역무용상
不作父相 亦不作子相 亦無用相

이렇게 하는 것이 법화경의 수지 방법이니

시명지법화경
是名持法華經

이 겁에서 저 겁에 이르도록 경을 손에서 놓지 않음이요 낮이나 밤이나 생각하지 않는 때가 없음이니라."

종겁지겁 수불석권 종주지야 무불념시야
從劫至劫 手不釋卷 從晝至夜 無不念時也

법달은 가르침을 받고 환희하고 춤추며 게송을 지어 찬탄하였다.

달몽계발 용약환희 이게찬왈
達蒙啓發 踊躍歡喜 以偈讚曰

법화경 삼천번을 지송한 것 　經誦三千部
조계의 한마디에 없어졌도다 　曹溪一句亡
부처님 오신 뜻 밝히지 못하면 　未明出世旨
다생의 미친 짓을 어찌 쉬리오 　寧歇累生狂
양·사슴·소수레를 방편으로 삼아 　羊鹿牛權設
처음 중간 나중까지 잘 선양하셨네 　初中後善揚
누가 알랴 불타는 집 속의 이 몸이 　誰知火宅內
원래부터 법 속의 왕이었음을 　元是法中王

조사께서 이르셨다. 　師曰
"너는 지금 이후로 가히 '경을 외우는 승려〔念經僧〕'라 이름할 수 있음이로다." 　汝今後 方可名念經僧也
법달은 이때부터 깊은 뜻을 알고 송경하기를 쉬지 않았다. 　達 從此領玄旨 亦不輟誦經

지통智通의 삼신三身과 사지四智

승려 지통은 수주 안풍 사람이다. 　僧智通 壽州安豊人
처음부터 능가경을 천여 편이나 보았으나 삼신과 사지를 잘 알 수가 없어 조사께 예배드리고 그 뜻을 여쭈었다. 　初看楞伽經 約千餘編 而不會三身四智 禮師求解其義

조사께서 이르셨다. 師曰

"삼신 중 청정법신은 너의 본성이요 淸淨法身汝之性也

원만보신은 너의 지혜이며 圓滿報身汝之智也

천백억화신은 너의 행이니라. 千百億化身汝之行也

만약 본성을 떠나서 다른 삼신을 말한다면 몸은 있으되 지혜가 없음이요 若離本性 別設三身 卽名有身無智

삼신의 각각에 고유한 자성이 없음을 깨달으면 곧바로 사지보리를 알리라. 若悟三身 無有自性 卽名四智菩提

나의 게송을 들어라." 聽吾偈

자기의 본성이 삼신을 갖추었으니 自性具三身

이를 밝게 알면 사지를 이루며 發明成四智

보고 듣는 인연을 떠나지 않고 不離見聞緣

단번에 부처님 지위에 오르느니라 超然登佛地

내 이제 그대 위해 설하였나니 吾今爲汝說

밝게 믿어 영원히 미하지 말고 諦信永無迷

마음 밖을 향하여 구하는 자의 莫學馳求者

입으로 설하는 보리 배우지 말라 終日說菩提

지통이 다시 여쭈었다. 通再啓曰

"사지의 뜻을 더 듣고자 하옵니다." 四智之義 可得聞乎

"이미 삼신을 알았다면 곧 사지를 밝힐 수 있을 텐데
어찌하여 다시 묻느냐?

기회삼신 편명사지 하갱문야
旣會三身 便明四智 何更問耶

삼신을 떠나서 사지만을 논한다면 지혜는 있으되 몸
이 없음이니

약리삼신 별담사지 차명유지무신야
若離三身 別談四智 此名有智無身也

이 지혜 있음이 도리어 지혜 없음을 이루느니라."

즉차유지 환성무지
卽此有智 還成無智

그리고 다시 게송으로 이르셨다.

부게왈
復偈曰

본성의 청정함이 대원경지요

대원경지성청정
大圓鏡智性淸淨

마음에 병없음이 평등성지요

평등성지심무병
平等性智心無病

공덕 보지 아니함이 묘관찰지요

묘관찰지견비공
妙觀察智見非功

둥근 거울 같음이 성소작지로다

성소작지동원경
成所作智同圓鏡

5·8식과 6·7식이 인과되어 구르나

오팔육칠과인전
五八六七果因轉

이름과 말만 쓸 뿐 실성은 없나니

단용명언무실성
但用名言無實性

만약 구르는 곳에 정을 두지 않으면

약어전처불류정
若於轉處不留情

번잡함 속에서도 대선정에 있게 되네

번흥영처나가정
繁興永處那伽定

이에 지통은 단박에 성지를 깨닫고 게송을 지어 올렸
다.

性智
통 돈오성지 수정게왈
通 頓悟性智 遂呈偈曰

삼신은 원래 나의 체요

삼신원아체
三身元我體

사지는 본래 마음의 밝음이네 ^{사 지 본 심 명}
四智本心明

삼신 사지 원융하여 걸림없으니 ^{신 지 융 무 애}
身智融無碍

만물에 응하여 형세따라 맡기노라 ^{응 물 임 수 형}
應物任隨形

수행을 일으킴은 모두가 망동이요 ^{기 수 개 망 동}
起修皆妄動

머물러 지킴도 참됨이 아니로다 ^{수 주 비 진 정}
守住匪眞精

스승 덕에 묘한 현지 깨달았더니 ^{묘 지 인 사 효}
妙旨因師曉

마침내 염오라는 이름조차 없네 ^{종 망 염 오 명}
終亡染汚名

지상智常과 최상승법

승려 지상은 신주 귀계 사람이다. ^{승 지 상 신 주 귀 계 인}
僧智常 信州貴溪人

어려서 출가하여 견성하겠다는 뜻을 세웠다. ^{초 년 출 가 지 구 견 성}
髫年出家 志求見性

어느날 조사를 찾아와 예배를 드리자 조사께서 물으셨다. ^{일 일 참 례 사 문 왈}
一日參禮 師問曰

"너는 어디에서 왔으며 무엇을 구하고자 하는고?" ^{여 종 하 래 욕 구 하 사}
汝從何來 欲求何事

"학인은 최근에 홍주 백봉산의 대통화상을 찾아 뵙고 견성성불의 뜻을 배웠으나 ^{大 通 和 尙} ^{見 性 成 佛}

^{학 인 근 왕 홍 주 백 봉 산 예 대 통 화 상 몽 시 견 성 성 불 지 의}
學人 近往洪州白峯山 禮大通和尙 蒙示見性成佛之義

아직 의심을 끊지 못하여 멀리서 찾아와 예배드리게

되었습니다.
未決狐疑 遠來投禮
미결호의 원래투례

엎드려 바라옵건대 화상께서는 자비로 가르쳐 주옵소서."
伏望和尚 慈悲指示
복망화상 자비지시

"그곳에서 무엇을 배웠는가? 조금만 보여 달라."
彼有何言句 汝試擧看
피유하언구 여시거간

"지상이 그곳에 이르러 세 달을 있었으나 가르침을 주시지 않기에
智常到彼 凡經三月 未蒙示誨
지상도피 범경삼월 미몽시회

법을 위한 간절한 마음으로 어느날 저녁에 홀로 방장실로 가서 여쭈었습니다.
爲法切故 一夕獨入丈室請問
위법절고 일석독입장실청문

'어떤 것이 저의 본심이고 본성입니까?'
如何是智常 本心本性
여하시지상 본심본성

대통화상께서 말씀하셨습니다.
大通乃曰
대통내왈

'너는 허공을 보았느냐?'
汝見虛空否
여견허공부

'보았습니다.'
見
견

'허공을 보았다고 하니 그 모양이 어떠하더냐?'
汝見虛空 有相貌否
여견허공 유상모부

'허공은 형상이 없는데 어찌 모양이 있겠습니까?'
虛空無形 有何相貌
허공무형 유하상모

화상께서 말씀하셨습니다.
彼曰
피왈

'너의 본성은 저 허공과 같아서 마침내 한 물건(一物)도 가히 볼 수가 없다.
汝之本性 猶如虛空 了無一物可見
여지본성 유여허공 요무일물가견

이것이 정견(正見)이니

한 물건도 가히 알 수 없음을 알면 이것이 참으로 아는 것[眞知]이다.

了無一物可知 是名眞知

푸르고 누런 것, 길고 짧은 것도 없나니 無有靑黃長短

다만 본원(本源)이 청정하고 각체(覺體)가 뚜렷이 밝은 것을 보면

但見本源淸淨 覺體圓明

이것을 견성성불이라 하며 여래지견(如來知見)이라고도 하느니라.'

卽名見性成佛 亦名如來知見

학인이 이 말씀을 듣기는 하였으나 아직도 알지 못하옵니다.

學人 雖聞此說 猶未決了

원하옵건대 화상께서 가르쳐 주옵소서." 乞和尙 開示

조사께서 이르셨다. 師曰

"그 스님 말씀에 아직 견(見)과 지(知)가 남아 있어 네가 알지를 못하였구나.

彼師所說 猶存見知 故令汝未了

내 너에게 게송을 하나 주리라." 吾今示汝一偈

한 법도 보지 못하는 무견(無見)을 둠은 不見一法存無見

뜬 구름이 해를 가리는 것과 같고 大似浮雲遮日面

한 법도 알지 못하는 공지를 지킴은 不知一法守空知

허공에서 오히려 번개가 일어남일세 還如太虛生閃電

이와 같은 지견이 잠시라도 일어나면 此之知見瞥然興

그릇 안 것이니 어찌 방편을 이해하리 錯認何曾解方便
마땅히 일념에서 자기 잘못을 알면 汝當一念自知非
자기의 신령한 빛 언제나 드러나리 自己靈光常顯現

지상은 게송을 듣고 마음이 활연히 열려, 게송을 지었다.
常聞偈已 心意豁然 乃述偈曰

무단히 지견을 일으켜서 無端起知見
상에 집착하며 보리를 구하였네 着相求菩提
마음을 한 생각 깨달음에만 두면 情存一念悟
옛날의 미혹을 어떻게 넘어서리 寧越昔時迷
깨달음의 원천인 이 자성이 自性覺源體
비춤을 따라 그릇 흘러 다녔도다 隨照枉遷流
만약 조사실에 들지 않았다면 不入祖師室
멍하니 두 길로 나아갔으리 茫然趣兩頭

어느 날 지상은 조사께 여쭈었다. 智常 一日問師曰
"부처님께서는 삼승법을 말씀하셨는데 조사께서는 지금 최상승법을 말씀하시니 제자는 알 수가 없습니다. 원하옵건대 가르쳐 주옵소서."
佛說三乘法 又言最上乘 弟子未解 願爲敎授

"네 스스로 본심을 볼 뿐 바깥 경계에 집착하지 말라.

汝觀自本心 莫着外法相
여관자본심 막착외법상

법에는 네 가지 수레(四乘)가 없지만 사람의 마음에는
각자 차등이 있도다.

法無四乘 人心自有等差
법무사승 인심자유등차

보고 들은대로 마냥 외우면 소승이요

見聞轉誦是小乘
견문전송시소승

법을 깨달아 이해하면 중승이며

悟法解義是中乘
오법해의시중승

법에 의해 수행하면 대승이며

依法修行是大乘
의법수행시대승

만법을 다 통달하여 만법을 다 갖추되 일체에 물들지
않고 모든 법의 모양을 떠나 하나의 얻음도 없는 것
이 최상승이니라.

萬法盡通 萬法俱備 一切不染 離諸法相 一無所得 名最上乘
만법진통 만법구비 일체불염 이제법상 일무소득 명최상승

승이란 행한다는 뜻이다.

乘是行義
승시행의

결코 말로써 논쟁하는 데 있지 않나니

不在口爭
부재구쟁

너는 모름지기 닦을 뿐

汝須自修
여수자수

나에게 묻지 말라.

莫問吾也
막문오야

어느 때에나

一切時中
일체시중

자성은 스스로 한결같으니라."

自性自如
자성자여

지상이 예배를 드리고 조사께서 세상을 떠나실 때까
지 곁에서 모셨다.

常禮謝 執侍終師之世
상예사 집시종사지세

지도志道의 열반락涅槃樂

승려 지도는 광주의 남해 사람으로 조사께 법문을 청하며 말씀드렸다. 一僧志道 廣州南海人也 請益曰

"학인은 출가한 이후로 열반경을 보아 이미 10년이 되었으나 아직 대의大意를 밝게 알지 못합니다. 學人自出家 覽涅槃經 十載有餘 未明大意

원하옵건대 화상께서는 가르침을 내리소서." 願和尚垂誨

"어느 대목을 밝히지 못하였느냐?" 汝何處未明

모든 행은 무상하니 諸行無常

이것이 생멸법이다 是生滅法

생멸이 없어지면 生滅滅已

적멸의 낙이로다 寂滅爲樂

"바로 이 게송에 의심이 있습니다." 於此疑惑

"어떠한 의심이 드느냐?" 汝作麼生疑

"일체 중생 모두에게는 두 가지 몸이 있으니 색신色身과 법신法身입니다. 一切衆生 皆有二身 謂色身法身也

색신은 무상無常하여 나고 멸하지만 色身無常 有生有滅

법신은 영원하여 앎도 없고 깨달음도 없습니다. 法身有常 無知無覺

그런데 경에서는 '생멸이 없어지면 적멸의 낙이 된다'
하였으니
경운 생멸멸이 적멸위락자 불심
經云 生滅滅已 寂滅爲樂者 不審

어느 몸이 적멸이요 어느 몸이 낙을 받는 것이옵니까?
하신적멸 하신수락
何身寂滅 何身受樂

만약 색신이라면 색신은 멸하여 사대로 다시 분산되는 것이니
약색신자 색신멸시 사대분산
若色身者 色身滅時 四大分散

온전히 고만 있을 뿐 낙이 된다고 말할 수 없을 것입니다.
전연시고 고불가언락
全然是苦 苦不可言樂

만약 법신이라면 법신은 적멸하여 초목이나 기와나
돌과 같사온데 어떻게 낙을 받겠습니까?

약법신적멸 즉동초목와석 수당수락
若法身寂滅 卽同草木瓦石 誰當受樂

또한 법성은 생멸의 본체요 오온은 생멸의 작용이옵니다.
우법성시생멸지체 오온시생멸지용
又法性是生滅之體 五蘊是生滅之用

하나의 본체에 다섯 가지 작용이 있어 생멸이 정해져
있습니다.
일체오용 생멸시상
一體五用 生滅是常

생이란 본체에서 작용을 일으킴이요
생즉종체기용
生則從體起用

멸이란 작용을 거두어 본체로 돌아가는 것입니다.

멸즉섭용귀체
滅則攝用歸體

만약 다시 생한다고 하면 유정의 무리들이 끊어지거나 멸하지 않을 것이요
약청갱생 즉유정지류 부단불멸
若聽更生 卽有情之類 不斷不滅

다시 생하지 않는다고 하면 영영 적멸로 돌아가 무정

물과 같을 것입니다. 若不聽更生 卽永歸寂滅 同於無情之物

그렇다면 '열반이 모든 법을 묶어 영영 생겨나지 못하게 만들어 버림'이니 어찌 낙이 있으오리까?"

如是卽一切諸法 被涅槃之所禁伏 尙不得生 何樂之有

조사께서 이르셨다. 師曰

"너는 부처님의 제자이거늘 어찌 외도의 법인 단(끊어짐)과 상(영원)의 그릇된 견해를 익혀 최상법을 논하려 하느냐?

如是釋子 何習外道斷常邪見 而儀最上乘法

그대의 말에 따르면 색신 밖에 따로 법신이 있고, 생멸을 떠나야 적멸을 구할 수 있다는 것이다.

據汝所說 卽色身外 別有法身 離生滅 求於寂滅

또한 열반이 '영원한 즐거움(常樂)'이라는 데 대해 짐작하여 말하기를 '몸이 있어야 수용한다' 하니

又推涅槃常樂言 有身受用 有身受用

이는 곧 생사에 집착하고 세간의 낙에 탐착하는 것이니라.

斯乃執吝生死 耽着世樂

너는 마땅히 알아야 하느니라. 汝今當知

부처님께서는, 세상의 모든 미혹한 사람들은 오온이 화합한 것을 취하여 자기의 참된 모습으로 인정하고

佛爲一切迷人 認五蘊和合 爲自體相

일체법을 분별하는 것으로 바깥 티끌의 모습을 삼아

서

삶은 좋아하고 죽음은 싫어하며 생각생각 끊임없이 흘러다니면서두

分別一切法 爲外塵相

好生惡死 念念遷流

이 모두가 몽환(夢幻)이요 허무하고 거짓된 것임을 알지 못하여 끊임없이 윤회할 뿐 아니라

不知夢幻虛假 枉受輪廻

영원한 즐거움인 열반까지도 괴로운 것으로 잘못 알아서

以常樂涅槃 翻爲苦相

종일토록 밖을 향해 구하고 헤매는지라

終日馳求

부처님께서는 이를 불쌍히 여기시고 마침내 열반의 참된 낙을 보이신 것이니라.

佛愍此故 乃示涅槃眞樂

찰나에 생겨 나는 상(生相)도 없고

刹那無有生相

찰나에 없어지는 상(滅相)도 없으며

刹那無有滅相

다시 가히 없앨 생멸(生滅)도 없어야

更無生滅可滅

적멸(寂滅)(열반)이 눈앞에 나타나느니라.

是卽寂滅現前

또한 눈앞에 나타났을 때 나타났다는 헤아림도 없으면, 이를 일러 '영원한 즐거움(常樂)'이라 하느니라.

當現前時 亦無現前之量 乃謂常樂

이 영원한 즐거움은 받는 이도 없고 또한 받지 않는 이도 없나니

此樂 無有受者 亦無不受者

어찌 '하나의 본체에 다섯 가지 작용(一體五用)'이라는 이름이 있으랴.

豈有一體五用之名

하물며 '열반이 모든 법을 묶어 버려 영영 생겨나지
못하게 한다'고 하랴.　何況更言涅槃 禁伏諸法 令永不生
이러한 말들은 부처님을 비방하고 법을 헐뜯는 것이
되느니라.　斯乃謗佛毁法
나의 게송을 들어라."　聽吾偈

열반진락송 涅槃眞樂頌

위없는 대열반이여　無上大涅槃
뚜렷이 밝아 항상 고요히 비치건만　圓明常寂照
어리석은 범부들은 죽음이라 하고　凡愚謂之死
외도들은 아주 끊어졌다고 하네　外道執爲斷

이승의 법을 구하는 이들은　諸求二乘人
열반을 지음 없음이라 하지만　目以爲無作
이 모두 뜻으로 헤아리는 것이라　盡屬情所計
육십이견을 일으키는 근본이 된다　六十二見本
*육십이견 : 외도들의 견해

허망되이 세워 놓은 헛된 이름에　妄立虛假名
어떻게 참다운 뜻이 있다고 하리　何爲眞實義

모든 것을 넘어선 그 사람만이
唯有過量人 _{유유과량인}

통달하여 취함과 버림이 없느니라
通達無取捨 _{통달무취사}

색·수·상·행·식의 오온법과
以知五蘊法 _{이지오온법}

오온법 속에 있는 나와
及以蘊中我 _{급이온중아}

밖으로 나타나는 여러 모양과
外現衆色相 _{외현중색상}

여러 소리 여러 말 여러 이름들
一一音聲相 _{일일음성상}

이 모두를 허깨비요 꿈으로 알아
平等如夢幻 _{평등여몽환}

범부와 성인에 대한 견해를 버리고
不起凡聖見 _{불기범성견}

열반이라는 견해도 짓지 않으면
不作涅槃解 _{부작열반해}

양극단과 공간 시간 다 끊어지노라
二邊三際斷 _{이변삼제단}

모든 근기에 응하여 항상 쓰지만
常應諸根用 _{상응제근용}

쓴다는 생각을 일으키지 않고
而不起用想 _{이불기용상}

모든 법을 낱낱이 잘 분별하지만
分別一切法 _{분별일체법}

분별한다는 생각도 일으키지 않네
不起分別想 _{불기분별상}

겁화가 일어나 바다 밑까지 태우고
劫火燒海底 _{겁화소해저}

폭풍이 불어닥쳐 산끼리 부딪쳐도
風鼓山相擊 _{풍고산상격}

적멸의 즐거움은 참되고 영원할새
眞常寂滅樂 _{진상적멸락}

열반의 모습은 바로 이러하니라
열반상여시
涅槃相如是

내 이제 억지로 여러 말을 하여
오금강언설
吾今强言說

너의 삿된 소견을 놓게 하나니
영여사사견
令汝捨邪見

말을 따라 너의 소견 짓지 않으면
여물수언해
汝勿隨言解

네가 조금 알았다고 허락하리라
허여지소분
許汝知少分

지도는 이 게송을 듣고 뛸듯이 기뻐하며 절을 하고
물러 갔다.
지도 문게대오 용약작례이퇴
志道 聞偈大悟 踊躍作禮而退

행사行思의 불락계급不落階級

행사 선사는 성이 유씨요 길주의 안성 사람이다.
행사선사 성유씨 길주안성인야
行思禪師 姓劉氏 吉州安城人也

조계의 법석法席이 잘 교화한다는 소문을 듣고 와서 조사
께 절을 하고 여쭈었다.
문조계법석성화 경래참례 수문왈
問曹溪法席盛化 經來參禮 遂問曰

"마땅히 어떻게 힘써야 계급에 떨어지지 않게 됩니까?"
당하소무 즉불락계급
當何所務 卽不落階級

"이제까지 너는 무엇을 지어왔는가?"
여증작심마래
汝曾作甚麽來

"성스러운 진리 또한 짓지 않았습니다."
성제역불위
聖諦亦不爲

"그런데 무슨 계급에 떨어졌더냐?"
낙하계급
落何階級

"성스러운 진리도 오히려 하지 않는데 무슨 계급이 있겠습니까!" 聖諦尚不爲 何階級之有

조사께서는 그를 법기法器로 여겨 행사로 하여금 대중의 우두머리(上首상수)로 삼으셨다. 師深器之 令思首衆

하루는 조사께서 행사에게 이르셨다. 一日師謂曰

"이제 너는 마땅히 한 영역을 맡아 교화하되, 이 법이 끊어지지 않게 하라." 汝當分化一方 無令斷絶

법을 받은 행사는 길주의 청원산靑原山으로 들어가 법을 널리 펴서 교화하였다. 思旣得法 遂回吉州靑原山 弘法紹化

회양懷讓과 마물麽物

회양 선사는 금주 두씨의 아들이다. 懷讓禪師 金州杜氏子也

처음 숭산으로 안국사安國師를 찾아갔더니, 안국사가 회양을 조계로 인도하였으므로 조사께 참배하였다. 初謁嵩山安國師 安發之曹溪參扣

"어느 곳에서 왔는고?" 甚處來

"숭산에서 왔습니다." 嵩山

"무슨 물건이 이렇게 왔는고?" 什麽物 恁麽來

"설사 한 물건이라 하여도 맞지 않습니다."

"가히 닦아서 증득할 수 있는 것이냐?"

설사일물즉부중
說似一物卽不中

환가수증부
還可修證否

"닦아 증득함은 없지 않으나
때 묻거나 물들지는 않습니다."

수증즉불무
修證卽不無

오염즉부득
汚染卽不得

"때묻지도 물들지도 않는 것!
이것만이 부처님들께서 보호하고 생각하는 바이니라.

지차불오염
只此不汚染

제불지소호념
諸佛之所護念

너는 이미 그러하고
나 또한 이와 같도다.

여기여시
汝旣如是

오역여시
吾亦如是

서천의 반야다라 존자의 예언에

般若多羅

서천반야다라참
西天般若多羅讖

'그대 발 밑에서 한 망아지가 나와 천하 사람을 밟아
죽인다' 하셨으니

여족하출일마구 답살천하인
汝足下出一馬駒 踏殺天下人

잘 명심하고 속히 법을 펴려고 하지 말라."

응재여심 불수속설
應在汝心 不須速說

회양선사는 조사와 활연히 계합하여 조사의 좌우에
서 15년 동안 모시며 깊고 오묘한 경지를 날로 더하
였다.

양 활연계회 수집시좌우 일십오재 일익현오
讓 豁然契會 遂執侍左右 一十五載 日益玄奧

南嶽
뒤에 남악으로 가서 선종을 크게 드날렸다.

禪宗

후왕남악 대천선종
後往南嶽 大闡禪宗

영가현각永嘉玄覺선사의 무생무속無生無速

현각 선사는 영가 사람으로 성은 대씨이다.

현각선사 영가인 성대씨
玄覺禪師 永嘉人 姓戴氏

젊어서부터 경론經論을 익혀 천태지관天台止觀 법문에 정통하였으며 유마경維摩經을 보다가 심지心地를 밝혔다.

소습경론 정천태지관법문 인간유마경 발명심지
少習經論 精天台止觀法門 因看維摩經 發明心地

우연히 조사의 제자인 현책과 만나 법을 담론하다가 그의 하는 말이 여러 조사의 뜻에 맞음을 보고 현책이 말하였다.

우사제자현책상방 여기극담 출언암합제조 책운
偶師弟子玄策相訪 與其劇談 出言暗合諸祖 策云

"어진 이여, 그대의 법사는 누구입니까?"

인자득법사수
仁者得法師誰

"제가 방등경론方等經論을 배울 때는 각각 스승이 있었으나

아청방등경론 각유사승
我聽方等經論 各有師承

뒤에 유마경을 보다가 불심종佛心宗을 깨친 다음에는 아직까지 증명해 주신 분이 없습니다."

후어유마경 오불심종 미유증명자
後於維摩經 悟佛心宗 未有證明者

"위음왕불威音王佛 이전에는 그리 해도 옳겠지만 위음왕불 이후에 스승 없이 혼자 깨달으면 다 천연외도天然外道라 하였습니다."

위음왕이전 즉득 위음왕이후 무사자오 진시천연외도
威音王已前 卽得 威音王已後 無師自悟 盡是天然外道

"그렇다면 스님께서 나를 위해 증거가 되어 주십시오."

원인자 위아증거
願仁者 爲我證據

"나의 말로는 가볍습니다.

조계에 계시는 육조대사께 사방에서 모여들어 법을 받고 있으니, 만약 가시겠다면 동행하리다."

我言輕^{아언경}

曹溪有六祖大師 四方雲集 幷是受法者 若去 則與偕行
_{조계유육조대사 사방운집 병시수법자 약거 즉여해행}

이에 현각은 현책과 함께 와서 조사를 뵙고 조사의 주위를 세 번 돈 다음 석장을 떨치고 우뚝 섰다.

錫杖^{석장}

覺逐同策來參 繞師三匝 振錫而立
_{각수동책래참 요사삼잡 진석이립}

조사께서 이르셨다.

師曰^{사왈}

"대저 사문은 삼천위의와 팔만세행을 갖추어야 하거늘

三千威儀^{삼천위의} 八萬細行^{팔만세행}

夫沙門者 具三千威儀 八萬細行
_{부사문자 구삼천위의 팔만세행}

대덕은 어디에서 왔기에 대아만을 부리는고?"

大我慢^{대아만}

大德 自何方而來 生大我慢
_{대덕 자하방이래 생대아만}

현각이 말씀드렸다.

覺曰^{각왈}

"생사의 일은 크고 무상은 신속합니다."

生死事大 無常迅速
_{생사사대 무상신속}

"어찌 남이 없음을 체달하지 못하고 신속함이 없음을 요달하지 못하는가?"

何不體取無生 了無速乎
_{하불체취무생 요무속호}

"체달하면 남이 없고 요달하면 본래 빠름이 없습니다."

體卽無生 了本無速
_{체즉무생 요본무속}

"그러하고 그러하도다."

如是如是^{여시여시}

이에 현각이 위의를 갖추어 예배하고 곧 하직을 고하자 조사께서 이르셨다.

玄覺 方具威儀禮拜 須臾告辭 師曰
_{현각 방구위의예배 수유고사 사왈}

"너무 빠르지 않느냐?"
返太速乎

"본래 스스로 동함이 없거늘 어찌 빠름이 있겠습니까?"
本自非動 豈有速耶

"누가 동하지 않음을 아느냐?"
誰知非動

"스님께서 스스로 분별을 내십니다."
仁者自生分別

"네가 참으로 무생의 뜻을 알았도다."
汝甚得無生之意

"무생에 어찌 뜻이 있겠습니까?"
無生豈有意耶

"뜻이 없으면 누가 마땅히 분별할고?"
無意誰當分別

"분별 또한 뜻이 아닙니다."
分別亦非意

"훌륭하도다. 하룻밤 쉬어가거라."
善哉 少留一宿

이로부터 사람들은 현각을 일숙각이라고 불렀다.
一宿覺

時謂一宿覺

뒷날 현각은 증도가와 영가집을 지었으며, 이는 세상에 널리 유포되었다.
證道歌 永嘉集

後著證道歌 及永嘉集 盛行于世

지황선자智隍禪者의 선정禪定

선자 지황은 처음 오조께 참례하고 스스로 '바르게 받아 얻었다'고 한 다음
五祖

禪者智隍 初參五祖 自謂已得正受

20년 동안 암자에서 장좌를 하고 있었다.
長坐

庵居長坐 積二十年

조사의 제자인 현책이 사방을 다니다가 하삭^{河朔}에 이르렀을 때 지황의 이름을 듣고 암자로 찾아가 물었다.

師弟子玄策 遊方至河朔 聞隍之名 造庵問云

"그대는 여기서 무엇을 하고 계시오?"

汝在此 作什麼

"정^定에 듭니다."

入定

"그대가 정에 들 때는 유심으로 들어갑니까? 무심으로 들어갑니까?

入定 爲有心入耶 無心入耶

만약 무심으로 들어간다면 생각 없는 일체 초목이나 기와·돌까지도 모두가 마땅히 정을 얻었을 것입니다.

若無心入者 一切無情草木瓦石 應合得定

만약 유심으로 정에 들어간다면 일체 생명 있는 것들이 모두 정을 얻을 것입니다."

若有心入者 一切有情含識之流 亦應得定

"내가 정에 들 때는 있다·없다〔有·無〕는 마음이 있는 것을 보지 못합니다."

我正入定時 不見有有無之心

"있다·없다는 마음이 있음을 보지 못한다면 이것이 바로 '영원한 정〔常定〕'입니다.

不見有有無之心 卽是常定

여기에 어찌 출입이 있겠습니까?

何有出入

만약 출입이 있다면 큰 정은 아닙니다."

若有出入 卽非大定

지황선자는 아무런 대답을 하지 못하고 한참을 있다

가 현책에게 물었다.

"스님은 누구의 법을 이었습니까?"

"저의 스승은 조계의 육조이십니다."

"육조께서는 무엇으로 선정을 삼으십니까?"

隍無對良久 問曰

師嗣誰耶

我師曹溪六祖

六祖 以何爲禪定

"우리 스님의 말씀하십니다.

'묘하고 맑고 원만하고 고요하며

체와 용이 한결같고

오음이 본래 공하고

육진이 있지 않고

나가지도 들어오지도 않고

안정되지도 산란하지도 않다.'

'선의 본성은 머무름이 없고

머무름을 떠났으므로 선은 고요하고

선의 본성은 남이 없고

남을 떠났으므로 선을 생각하나니

마음이 허공과 같되

허공같다는 헤아림도 없다'."

지황이 이 말을 듣고 곧바로 조사께로 나아가 뵈오니

조사께서 물으셨다.

"어진 이여, 어찌 왔는고?"

我師所說

妙湛圓寂

體用如如

五陰本空

六塵非有

不出不入

不定不亂

禪性無住

離住禪寂

禪性無生

離生禪想

心如虛空

亦無虛空之量

隍聞是說 徑來謁師 師問云

仁者何來

지황이 앞의 인연을 자세히 이야기하자 조사께서 이르셨다.

황구술전연 사운
陘具述前緣 師云

"진실로 현책이 말한 바와 같으니라."

성여소언
誠如所言

마음을 허공과 같이 하되

심여허공
心如虛空

공의 견해에 집착하지 아니하면

불착공견
不着空見

작용에 응하여 걸림이 없고

응용무애
應用無碍

움직임과 고요함에 무심하여

동정무심
動靜無心

범부와 성인의 정을 잊고

범성정망
凡聖情忘

주체와 객체가 함께 없어지며

능소구민
能所俱泯

본성과 겉모양이 한결같아서

성상여여
性相如如

정이 아닌 때가 없느니라

무부정시야
無不定時也

이에 지황은 크게 깨달았으며

황 어시대오
陘 於是大悟

20년 동안 닦아 얻었던 마음은 그림자조차 없어져 버렸다.

이십년소득심 도무영향
二十年所得心 都無影響

그날 밤에 하북 땅의 선비와 백성들은 공중에서 나는 소리를 들었다.

기야하북사서 문공중유성운
其夜河北士庶 聞空中有聲云

"지황선사가 오늘 도를 얻었노라."

황선사 금일득도
陘禪師 今日得道

그뒤 지황선사는 조사를 하직하고 하북으로 돌아가서 사부대중을 교화하였다.

황 후예사 복귀하북 개화사중
陘 後禮辭 復歸河北 開化四衆

나는 불법을 알지 못한다

한 승려가 조사께 여쭈었다.　一僧問師云

"황매 오조의 뜻을 누가 얻었습니까?"　黃梅意志 甚麼人得

"불법을 아는 이가 얻었느니라."　會佛法人得

"화상께서는 얻었습니까?"　和尙還得否

"나는 얻지 못하였노라."　我不得

"어찌하여 얻지 못했나이까?"　爲什麼不得

"나는 불법을 알지 못하노라."　我不會佛法

육조의 소상塑像과 불성佛性

조사께서 어느 날 전해 받은 법의를 세탁하고자 하였
으나 마땅한 샘이 없어서 절 뒤로 약 5리쯤 갔을 때
숲이 우거지고 서기가 감도는 곳이 보였다.　師一
日 欲濯所授之衣 而無美泉 因至寺後五里許 見山林鬱茂 瑞氣盤旋

조사께서 석장으로 그 곳의 땅을 찍자 물이 솟아올라
삽시간에 못을 이루었다.　師振錫卓地 泉應水而出 積以爲池

조사께서 무릎을 꿇고 돌 위에서 옷을 빨고 있는데
홀연히 한 승려가 앞에 나타나 예배를 하며 아뢰었다.

乃跪膝 浣衣石上 忽有一僧 來前禮拜云

"제자의 이름은 방변이오며 서촉 사람입니다. 어제 남

천축국에서 달마대사를 뵈었더니, 이 방변에게 부촉
하셨습니다. _{방 변 시 서 촉 인} _{작 어 남 천 축 국} _{견 달 마 대 사} _{촉 방 변}
方辯 是西蜀人 昨於南天竺國 見達磨大師 囑方辯
'속히 당토로 가거라. 내가 전한 대가섭의 정법안장과
_{唐土} _{大迦葉} _{正法眼藏}
가사가 현재 소주 조계의 제6대조에게 전해져 있으니,
너는 가서 참배하라.' _{속 왕 당 토}
速往唐土
_{오 전 대 가 섭} _{정 법 안 장} _{급 승 가 리} _{견 전 육 대} _{어 소 주 조 계} _{여 거 첨 례}
吾傳大迦葉 正法眼藏 及僧伽梨 見傳六代 於韶州曹溪 汝去瞻禮
이에 방변이 멀리서 왔사오니 원컨대 우리 조사가 전
하신 의발을 보여주소서." _{衣鉢} _{방 변 원 래} _{원 견 아 사} _{전 래 의 발}
方辯遠來 願見我師 傳來衣鉢

조사께서 의발을 보여주신 다음 물었다. _{사 내 출 시} _{차 문}
師乃出示 次問
"그대는 무슨 일을 익혔는가?" _{상 인} _{공 하 사 업}
上人 攻何事業
"소상을 잘 만드옵니다." _{塑像} _{선 소}
善塑
조사께서 정색을 하며 이르셨다. _{사 정 색 왈}
師正色曰
"나의 소상을 만들어 보아라." _{여 시 소 간}
汝試塑看
방변은 어쩔 줄 몰라하다가 며칠 만에 조사의 진상을 _{眞相}
만들었는데 높이는 약 7촌이요, 그 모습이 매우 묘하
고 자세하였다. _{방 변 망 조} _{수 일} _{소 취 진 상} _{가 고 칠 촌} _{곡 진 기 묘}
方辯罔措 數日 塑就眞相 可高七寸 曲盡其妙
조사께 바치니 웃으며 이르셨다. _{정 사 사} _{사 소 왈}
呈似師 師笑曰
"그대는 소상의 성질만 알고 불성은 모르는구나."
_{여 지 해 소 성} _{불 해 불 성}
汝只解塑性 不解佛性

조사께서는 손을 펴서 방변의 이마를 만지며 이르셨
다. _{사 서 수} _{마 방 변 정 왈}
師舒手 摩方辯頂曰

"길이 인간과 천상의 복전이 될지어다."　　永爲人天福田

와륜臥輪의 단斷과 육조의 부단不斷

한 승려가 와륜선사의 게송을 외웠다.　有僧 擧臥輪禪師偈云

　　와륜은 기량이 있어　　　　　　　　臥輪有伎倆
　　능히 백가지 생각을 끊노라　　　　能斷百思想
　　경계를 대해도 마음 일지 않으니　　對境心不起
　　보리가 나날이 자라도다　　　　　　菩提日月長

조사께서 이를 듣고 이르셨다.　　　　師聞之曰
"아직 마음자리를 밝히지 못한 게송이다.　此偈未明心地
만약 이 게송에 의지하여 수행하면 결박만 더할 뿐이
다."　　　　　　　　　　若依而行之　是加繫縛
그리고 한 게송을 보이셨다.　　　　因示一偈曰

　　혜능은 기량이 없어　　　　　　　　慧能沒伎倆
　　온갖 생각을 끊지 않노라　　　　　不斷百思想
　　경계를 대하면 마음 자주 일어나니　對境心數起
　　보리가 어찌 자라리오　　　　　　　菩提作麼長

제7 남돈북점 南頓北漸

남쪽의 돈오와 북쪽의 점수

장좌불와長坐不臥

조사께서 조계의 보림사(寶林寺)에 계실 때 신수(神秀)대사는 형남(荊南)의
옥천사(玉泉寺)에 계셨다. 時 祖師居曹溪寶林 神秀大師 在荊南玉泉寺

그때 두 종파가 모두 크게 교화하였으므로 사람들이
'남능북수(南能北秀)'라 하였다. 于時 兩宗盛化 人皆稱南能北秀

그리고 남종과 북종은 돈(頓)과 점(漸)으로 나뉘어져서 배우
는 이들이 그 종취(宗趣)를 잘 알지 못하였다.

故有南北二宗 頓漸之分 而學者莫知宗趣

이에 조사께서는 대중에게 이르셨다. 師謂衆曰

"법은 본래 한 종(宗)이건만 法本一宗

사람에는 남쪽과 북쪽이 있고 人有南北

법은 오직 한가지로되 法卽一種

견해에는 늦고 빠름(遲疾)이 있도다. 見有遲疾

어찌하여 돈점(頓漸)이라는 이름이 생겼는가? 何名頓漸

법에는 돈점이 없건만 법무돈점
法無頓漸

사람에게는 예리함과 우둔함이 있기 때문에 인유이둔
人有利鈍

돈점이라는 이름이 있게 된 것이니라." 고명돈점
故名頓漸

그러나 신수의 제자들은 자주 남종조사를 비방하였

다. 연수지도중 왕왕기남종조사
然秀之徒衆 往往譏南宗祖師

"한 글자도 알지 못하는데, 무슨 대단한 것이 있으랴."

불식일자
不識一字

이에 신수대사께서 이르셨다. 수왈 유하소장
秀曰 有何所長

"그 분은 스승없는 지혜를 얻어 상승법을 깊이 깨달았

으나 나는 그렇지 못하다. 他得無師之智 深悟上乘 吾不如也
타득무사지지 심오상승 오불여야 上乘法

또 나의 스승인 오조께서 친히 의법을 전하셨으니 어 衣法

찌 헛되이 그렇게 했겠느냐? 且吾師五祖 親傳衣法 豈徒然哉
차오사오조 친전의법 기도연재

내가 먼 길을 찾아가 친근히 하지 못한 채, 헛되이 나 親近

라의 은혜를 입어 여기에서 지내고 있지만

오근불능원거친근 허수국은
五根不能遠去親近 虛受國恩

너희들은 여기에 머물러 있지 말고 조계에 가서 배워

공부를 마치도록 하라." 汝等諸人 無滯於此 可往曹溪 叅決
여등제인 무체어차 가왕조계 참결

그리고 제자인 지성에게 명하였다. 乃命門人志誠曰
내명문인지성왈 志誠

"너는 총명하고 지혜가 많으니 나를 위해 조계로 가

서 법을 들어라. 汝聰明多智 可爲吾 到曹溪聽法
여총명다지 가위오 도조계청법

그리고 들은 법문을 잘 기억해 두었다가 돌아와서 나

에게 일러다오."

汝若聞法 盡心記取 還爲吾說

지성이 명을 받고 조계로 가서 온 곳을 밝히지 않고 대중 속에 참여하였다.

至誠 稟命至曹溪 隨衆參請 不言來處

그때 조사께서 대중들에게 이르셨다.

時 祖師告衆曰

"지금 법 도둑이 이 모임 속에 숨어 있도다."

今有盜法之人 潛在此會

지성이 곧 나와 예배하고 사실대로 말씀드리자 조사께서 이르셨다.

志誠 卽出禮拜 具盡其事

"네가 옥천에서 왔다니 틀림없이 염탐꾼이겠구나."

汝從玉泉來 應是細作

"그렇지 않습니다."

不是

"어찌하여 그렇지 않다는 것이냐?"

何得不是

"말씀드리기 전에는 그렇습니다만, 이미 말씀드렸으므로 그렇지 않음입니다."

未設卽是 說了不是

"너의 스승은 어떻게 대중을 가르치느냐?" 汝師若爲示衆

"언제나 대중들에게 '마음에 머물러 고요히 관하고, 오래 앉고 눕지 말라'고 가르칩니다."

常指誨大衆 住心觀靜 長坐不臥

"마음에 머물러 고요히 관하는 것은

住心觀靜

병이지 선이 아니다.

是病非禪

장좌하여 몸을 구속한다고 하여

長坐拘身

진리에 어떤 이익이 있으리.
나의 게송을 들어라."

어 리 하 익
於理何益
청 오 게
聽吾偈

　　살았을 때 오래 앉아 눕지 않아도
　　죽어서는 누운 채 앉지 못한다
　　냄새나는 한 뼈다귀 갖춘다하여
　　어찌 공과를 세울 수 있으리

생 래 좌 불 와
生來坐不臥
사 거 와 부 좌
死去臥不坐
일 구 취 골 두
一具臭骨頭
하 위 립 공 과
何爲立功果

계정혜戒定慧와 견성

지성이 게송을 듣고 다시 절을 하며 아뢰었다.

지 성 　 재 배 왈
志誠 再拜曰

"제자는 신수대사의 처소에서 9년 동안 도를 배웠으나 깨치지 못하였는데 弟子 在秀大師處 學道九年 不得契悟 지금 화상의 한 말씀을 듣고 문득 본심에 계합하였습니다.
今聞和尙一說 便契本心
제자에게는 생사의 일이 크오니 화상께서는 대자비로 다시 가르쳐 주옵소서."
弟子 生死事大 和尙大悲 更爲敎示
조사께서 이르셨다.
師曰
"너의 스승께서는 학인들에게 계정혜의 법을 가르친다고 들었다.
吾聞汝師 敎示學人戒定慧法

너의의 스승께서는 계정혜를 어떻게 설하시는지 나에게 말하여 보아라." 未審汝師 說戒定慧行相如何 汝吾說看

"신수대사께서는 설하십니다. 秀大師說

모든 악한 일을 하지 않는 것이 계요 諸惡莫作名爲戒
모든 착한 일을 받들어 행함이 혜요 諸善奉行名爲慧
스스로 그 마음을 깨끗이 함이 정이다 自淨其意名爲定

화상께서는 어떠한 법으로 학인들을 가르치십니까?" 未審和尙 以何法誨人

"내가 사람들에게 줄 법이 있다고 말한다면 곧 너를 속이는 것이다. 吾若言有法與人 卽爲誑汝
다만 경우에 따라 얽힘을 풀 뿐이니, 이것에 가명을 붙여 삼매라 하느니라. 但且隨方解縛 假名三昧
너의 스승이 말씀하시는 계정혜는 실로 불가사의하지만, 내가 보는 바의 계정혜는 다르니라." 如汝師所說戒定慧 實不可思議 吾所見戒定慧 又別

"계정혜는 한가지인데 어찌하여 다르다 하십니까?" 戒定慧 只合一種 如何更別

"네 스승의 계정혜는 대승인에게 맞춘 것이요 나의 계정혜는 최상승인에게 맞춘 것이니라.

汝師戒定慧 接大乘人 吾戒定慧 接最上乘人

깨달음과 이해함이 같지 않으므로 보는 것 또한 더디고 빠름이 있나니
悟解不同 見有遲疾

내가 설하는 법이 신수대사의 것과 같은지 다른지 들어보아라.
汝聽吾說 與彼同否

나의 설법은 자성을 떠나지 않나니
吾所說法 不離自性

본체를 떠나 법을 설하면 '상으로 설함[相說]'이 되어 자성을 미혹되게 하느니라.
離體說法 名爲相說 自性常迷

모름지기 일체 만법이
須知一切萬法

자성으로부터 일어나는 것임을 알면
皆從自性起用

이것이 참된 계정혜의 법이니라.
是眞戒定慧法

나의 게송을 들어라."
聽吾偈

마음 땅에 그릇됨이 없으면 자성계요
心地無非自性戒

마음 땅에 어리석음 없으면 자성혜요
心地無癡自性慧

마음 땅에 산란함 없으면 자성정이며
心地無亂自性定

늘지도 줄지도 않음이 자기 금강이요
不增不減自金剛

이 몸의 가고 옴이 본래의 삼매니라
身去身來本三昧

지성이 게송을 듣고 깊이 뉘우치고 감사를 드리며 게송을 지어 바쳤다.
誠 聞偈悔謝 乃呈一偈

오온의 허깨비 같은 몸이여

허깨비가 어찌 끝마침이리오

돌이켜 진여로 나아가려 하면

법이 도리어 깨끗하지 않도다

오온환신
五蘊幻身

환하구경
幻何究竟

회취진여
廻趣眞如

법환부정
法還不淨

견성과 돈오돈수頓悟頓修

조사께서 '그렇다' 하시고 다시 지성에게 이르셨다.

사연지 부어성왈
師然之 復語誠曰

"네 스승의 계정혜는 작은 지혜의 근기를 지닌 사람에게 권하는 것이요

여사계정혜 권소근지인
汝師戒定慧 勸小根智人

내가 말하는 계정혜는 큰 지혜의 근기를 지닌 사람에게 권하는 것이니라.

오계정혜 권대근지인
吾戒定慧 勸大根智人

만약 자성을 깨달으면 보리도 열반도 세우지 않고 해탈지견도 세우지 않나니

菩提 涅槃

解脫知見

약오자성 역불립보리열반 역불립해탈지견
若悟自性 亦不立菩提涅槃 亦不立解脫知見

한 법도 가히 얻을 수 없으므로 능히 두루 만법을 건립하느니라.

무일법가득 방능건립만법
無一法可得 方能建立萬法

만약 이 도리를 알면 이것을 불신이요 보리요 열반이요 해탈지견이라 이름하느니라.

佛身

약해차의 역명불신 역명보리열반 역명해탈지견
若解此意 亦名佛身 亦名菩提涅槃 亦名解脫知見

견성한 사람은 세워도 얻고 세우지 않아도 얻나니

견성지인 입역득불립역득
見性之人 立亦得不立亦得

오고 감이 자유롭고 막힘과 걸림이 없느니라

거래자유 무체무애
去來自由 無滯無碍

작용에 응하여 행하고

응용수작
應用隨作

말에 응하여 답하면서

응어수답
應語隨答

널리 화신을 나투되

보견화신
普見化身

자성을 떠나지 아니하며

불리자성
不離自性

곧바로 자재한 신통력과 유희삼매를 얻나니

즉득자재신통유희삼매
卽得自在神通遊戱三昧

이것이 견성이니라."

시명견성
是名見性

지성이 다시 조사께 아뢰었다.

지성 재계사왈
志誠 再啓師曰

"어떤 것이 세우지 않음〔不立〕의 뜻입니까?"

여하시불립의
如何是不立義

"자성은 그릇됨도 없고 어리석음도 없고 산란함도 없다.

자성 무비무치무란
自性 無非無癡無亂

생각생각을 반야로 관조하여 언제나 법의 상을 떠나고

염념반야관조 상리법상
念念般若觀照 常離法相

자유자재하여 종과 횡으로 모두를 얻는데 무엇을 가히 세울 것인가?

자유자재 종횡진득 유하가립
自由自在 縱橫盡得 有何可立

자성을 스스로 깨달아 단박에 깨닫고 단박에 닦아 점차가 없기 때문에

자성자오 돈오돈수 역무점차
自性自悟 頓悟頓修 亦無漸次

일체의 법을 세우지 않는 것이다.
所以不立一切法
<small>소 이 불 립 일 체 법</small>

모든 법이 적멸이거늘 무슨 차례가 있으랴."
諸法寂滅 有何次第
<small>제 법 적 멸 유 하 차 제</small>

지성은 예배하고 시자가 되어 조석으로 시봉들기를
<small>侍 者</small>
게을리 하지 않았다.
志誠 禮拜 願爲執侍 朝夕不懈
<small>지 성 예 배 원 위 집 시 조 석 불 해</small>

(지성은 吉州의 太和 사람이다.)
<small>길 주   태 화</small>

무상無常과 상常

승려 지철은 강서 사람으로 성은 장씨요 이름은 행창
<small>志 徹</small>   <small>行 昌</small>
이며, 젊었을 때는 불한당 노릇을 하였다.
一僧志徹 江西人 本姓張 名行昌 少任俠
<small>일 승 지 철 강 서 인 본 성 장 명 행 창 소 임 협</small>

조사와 신수대사가 남북을 나누어 교화하면서부터,
비록 두 종주는 '너와 나〔彼我〕'가 없었으나 따르는 승
<small>宗 主</small>   <small>피 아</small>
려들은 서로 다투고 미워하였다.
自南北分化 二宗主 雖亡彼我 而徒侶 兢起愛憎
<small>자 남 북 분 화 이 종 주 수 망 피 아 이 도 려 긍 기 애 증</small>

그때 북종의 문인들은 자기들끼리 신수대사를 추대하
여 제6조로 삼는 한편
時北宗門人 自立秀師 爲第六祖
<small>시 부 종 문 인 자 립 수 사 위 제 육 조</small>
혜능조사께서 법의를 전수받은 사실이 천하에 알려지
는 것을 꺼려 행창을 시켜 마침내 조사를 해치게 하였
다.
而忌祖師傳衣 爲天下所聞 乃囑行昌 來刺於師
<small>이 기 조 사 전 의 위 천 하 소 문 내 촉 행 창 내 자 어 사</small>

조사께서는 타심통(他心通)으로 미리 이 일을 아시고 돈 열냥을 자리 밑에 준비하고 기다렸다.

師他心通 預知其事 卽置金十兩於座間

밤이 깊어지자 행창이 조사실로 뛰어들어 해치려 하자

時夜暮 行昌入祖室 將欲加害

조사께서는 목을 내밀었고

師舒頸就之

행창이 칼을 휘둘러 목을 세 번이나 내리쳤지만 조금도 다치지 않았다.

行昌 揮刀者三 悉無所損

그때 조사께서 이르셨다.

師曰

"바른 칼은 삿되지 않고

正劍不邪

삿된 칼은 바르지 않다.

邪劍不正

나는 그대에게 돈은 빚졌지만

只負汝金

목숨의 빚은 지지 않았노라."

不負汝命

깜짝 놀란 행창은 쓰러졌다가 한참만에 깨어나 슬피 울면서 잘못을 참회하고 출가를 하고자 하였다.

行昌 驚仆 久而方蘇 求哀悔過 卽願出家

조사께서 행창에게 돈을 주며 이르셨다.

師遂與金言

"우선은 가거라.

汝且去

대중들이 너를 해칠까 두렵다.

恐徒衆 翻害於汝

뒷날 모양을 바꾸어서 오면 내 마땅히 그대를 받아들이리라."

汝可他日 易形而來 吾當攝受

행창은 조사의 뜻을 받들어 달아났다가 뒷날 출가하여 승려가 되었다.

_{행창 품지소둔 후투승출가 구계정진}
行昌 稟旨宵遁 後投僧出家 具戒精進

하루는 조사의 말씀을 생각하고 먼 길을 와서 찾아뵙자 조사께서 이르셨다.

_{일일 억사지언 원래예근 사왈}
一日 憶師之言 遠來禮覲 師曰

"내 너를 기다린 지 오래인데 어찌하여 이다지도 늦었느냐?"

_{오구념여 여래하만}
吾久念汝 汝來何晚

"전날 화상께서 죄를 용서하여 주신 은덕은 지금의 출가 고행만으로는 갚기가 어렵고

_{작몽화상사죄 금수출가고행종난}
作蒙和尙捨罪 今雖出家苦行終難

법을 전하여 중생을 제도하는 것만이 보답하는 길인가 하옵니다.

_{보덕기유전법도생호}
報德其惟傳法度生乎

제자는 지금까지 열반경을 지송하였으나 상과 무상의 뜻을 알지 못합니다.

_{제자상람열반경 미효상무상의}
弟子嘗覽涅槃經 未曉常無常義

원하옵건대 화상께서는 자비를 베풀어 간략히 가르쳐 주옵소서."

_{걸화상자비 약위해탈}
乞和尙慈悲 略爲解脫

조사께서 이르셨다.

_{사왈}
師曰

"무상은 곧 불성이요

_{무상자 즉불성야}
無常者 卽佛性也

유상은 곧 일체선악의 모든 법에 대한 분별심이니라."

_{유상자 즉일체선악제법분별심야}
有常者 卽一切善惡諸法分別心也

"화상의 말씀은 경문과 크게 어긋납니다."

_{화상소설 대위경문}
和尙所說 大違經文

"내가 부처님의 심인(心印)을 전하거늘 어찌 불경과 어긋난 말을 하겠느냐?"

吾傳佛心印 安敢違於佛經
오전불심인 안감위어불경

"경에서는 불성을 상(常)(영원)이라 하였는데 화상께서는 무상이라 하시고

經說佛性是常 和尙却言無常
경설불성시상 화상각언무상

경에서는 선악의 모든 법과 보리심(菩提心)까지도 무상이라 하였는데 화상께서는 도리어 상이라 하십니다.

善惡諸法 乃至菩提心 皆是無常 和尙却言是常
선악제법 내지보리심 개시무상 화상각언시상

이렇게 경문과 다르므로 저의 의혹은 더욱 더하옵니다."

此卽相違 令學人 轉加疑惑
차즉상위 영학인 전가의혹

"열반경은 지난 날 무진장 비구니가 한 편을 독송하는 것을 듣고 그에게 강설한 일이 있느니라.

涅槃經 吾昔聽尼無盡藏 讀誦一編 便爲講說
열반경 오석청니무진장 독송일편 변위강설

그때 나의 말은 한 글자 한 뜻도 경문에 어긋난 것이 없었고, 이제 그대에게도 결코 다르게 말함이 없느니라."

無一字一義 不合經文 乃至爲汝 終無二說
무일자일의 불합경문 내지위여 종무이설

"저는 아는 바가 얕고 어둡습니다.

學人 識量淺昧
학인 식량천매

화상께서 자세히 열어 보이소서."

願和尙 委曲開示
원화상 위곡개시

조사께서 이르셨다.

師曰
사왈

"그대는 아는가 모르는가?

汝知否
여지부

불성이 만약 영원하다면 어찌 다시 선악제법을 설하였겠는가?

佛性若常 更說什麽 善惡諸法
불성약상 갱설십마 선악제법

불성이 영원하다면 겁이 다한다 해도 어느 한 사람
보리심을 발하는 이가 없을 것이다.

궁 겁　무 유 일 인 발 보 리 심 자
窮劫　無有一人發菩提心者

이러한 까닭으로 나는 불성을 무상이라고 말함이니

고 오 설 무 상
故吾說無常

이것이 바로 부처님께서 말씀하신 참되고 영원한 도
이니라.

정 시 불 설　진 상 지 도
正是佛說　眞常之道

또 일체제법이 _{一切諸法} 무상이라면 _{無常} 사물 하나하나가 제각기
자성이 있어 생사를 받아들일 것이니

우 일 체 제 법　약 무 상 자　즉 물 물　개 유 자 성　용 수 생 사
又一切諸法　若無常者　卽物物　皆有自性　容受生死

그렇게 되면 '참되고 영원한 본성_{眞常性}'이 두루 미치
지 못하는 곳이 있음이리라.

이 진 상 성　유 불 편 지 처
而眞常性　有不偏之處

그러므로 일체제법이 상이라는 나의 말은 부처님께서 설
하신 참된 무상과 맞느니라.

고 오 설 상 자　정 시 불 설 진 무 상 의
故吾說常者　正是佛說眞無常義

범부와 외도는 삿된 영원함에 집착하고

범 부 외 도　집 어 사 상
凡夫外道　執於邪常

이승들은 영원함을 무상으로 헤아리는 등

제 이 승 인　어 상 계 무 상
諸二乘人　於常計無常

모두 여덟가지의 전도됨_{八倒}을 만들어내기 때문에

공 성 팔 도 고
共成八倒故

부처님께서는 열반경을 통하여 그들의 그릇된 편견을

타파하고 어열반요의교중 파피편견 於涅槃了義敎中 破彼偏見

'참된 영원함〔眞常〕·참된 행복〔眞樂〕·참된 나〔眞我〕·참된 청정〔眞淨〕'을 밝힌 것이니라. 이현설진상진락진아진정 而顯說眞常眞樂眞我眞淨

말에만 의지하는 너는 참뜻을 모른 채, 단멸에 빠진 이승의 무상과 범부외도들이 확정짓는 죽은 상을 가지고 여금의언배의 이단멸무상 급확정사상 汝今依言背義 以斷滅無常 及確定死常

부처님의 원만하고 묘하고 가장 깊은 최후의 가르침을 그릇되이 이해하고 있다. 이착해불지원묘 최후미언 而錯解佛之圓妙 最後微言

그러고서야 열반경을 천 번 본들 무슨 이득이 있겠느냐?" 종람천편 유하소익 縱覽千徧 有何所益

이에 행창이 홀연히 크게 깨닫고 게송으로 아뢰었다. 행창 홀연대오 내설게언 行昌 忽然大悟 乃說偈言

무상한 마음을 지키기 때문에 　因守無常心

부처님은 영원한 본성을 설했네 　佛說有常性

이것이 방편임을 알지 못하면 　不知方便者

봄 못에서 조약돌을 주움과 같다 　猶春池拾礫

내 지금 공을 들이지도 않았는데 　我今不施功

불성이 눈앞에 나타났구나 　佛性而現前

이는 조사께서 주신 것이 아니요 　非師相授與

나 또한 얻은 바가 없도다 　我亦無所得

조사께서 이르셨다.

"네가 이제 철저히 뚫었구나.

마땅히 이름을 지철(志徹)이라 하라."

지철이 감사의 절을 올리고 물러갔다.

師曰
汝今徹也
宜名志徹
徹禮謝而退

신회神會의 견견見見과 불견不見

한 동자가 있었으니, 이름이 신회이다. 有一童子 名神會

양양 고씨의 자손으로, 13세에 옥천사(玉泉寺)로부터 와서 조사께 예배하자 조사께서 이르셨다.

襄陽高氏子 年十三 自玉泉來參禮 師曰

"먼 곳에서 고생하며 왔구나. 知識遠來艱辛

근본은 가지고 왔느냐? 將得本來否

만약 근본이 있다면 곧 주인을 알리라. 若有本則合識主

말해 보아라." 試說看

신회가 말씀드렸다. 會曰

"머무름이 없는 것을 근본으로 삼으니, 보는 것이 곧 주인입니다."

以無住爲本 見則是主

"이 사미가 어찌 경솔하게 말하는가?" 這沙彌爭合取次語

조사께서 주장자로 세 번 때리자 신회가 다시 여쭈었다.

以柱杖 打三下 會乃問曰

"화상께서는 좌선을 하실 때 봅니까, 보지 않습니까?"

화상좌선 환견불견
和尚坐禪 還見不見

"내가 너를 때렸는데 아프냐, 아프지 않느냐?"

오타여 시통불통
吾打汝 是痛不痛

"아프기도 하고 아프지 않기도 합니다."

역통역불통
亦痛亦不痛

"나 또한 보기도 하고 보지 않기도 하느니라."

오역견역불견
吾亦見亦不見

"어떤 것은 보고 어떤 것은 보지 않습니까?"

여하시역견역불견
如何是亦見亦不見

"내가 보는 것은 항상 내 마음의 허물을 보며

오지소견 상견자심과건
吾之所見 常見自心過愆

타인의 시비나 좋고 나쁜 점은 보지 않는다

불견타인시비호오
不見他人是非好惡

그러므로 보기도 하고 보지 않기도 한다는 것이다.

시이역견역불견
是以亦見亦不見

너는 '아프기도 하고 아프지 않기도 하다'고 하였으니 어떤 것이냐?

여언역통역불통 여하
汝言亦痛亦不痛 如何

네가 아프지 않다고 하면 목석과 같고, 아프다고 하면 보통 사람과 같아서 마땅히 성이 나고 원통한 생각이 들리라.

여약불통 동기목석 약통 즉동범부 즉기에한
汝若不痛 同其木石 若痛 卽同凡夫 卽起恚恨

네가 조금 전에 말한 '본다〔見〕'는 '보지 않음〔不見〕'과 함께 이변을 이루고, 아프기도 하고 아프지 않기도 하다는 것은 곧 생멸^{生滅}이다.

여향전 견불견 시이변 통불통 시생멸
汝向前 見不見 是二邊 痛不痛 是生滅

네가 아직 자성을 보지 못하였거늘 어찌 감히 희론^{戲論}을 하느냐?"

여자성 차불견 감이희론
汝自性 且不見 敢爾戲論

신회가 예배하고 깊이 뉘우치며 사과를 드리자 조사께서 다시 이르셨다.

신회 예배회사 사우왈
神會 禮拜悔謝 師又曰

"네가 마음이 미혹하여 자성을 보지 못하였으면 마땅히 선지식에게 물어 길을 찾아야 할 것이요

여약심미불견 문선지식멱로
汝若心迷不見 問善知識覓路

네가 마음을 깨쳐 견성을 하였다면 마땅히 법답게 수행하면 된다.

여약심오 즉자견성 의법수행
汝若心悟 卽自見性 依法修行

그런데 너는 스스로 미혹하여 자심^{自心}을 보지 못하였으면서도 도리어 나에게 와서 '보고 보지 않음'을 물었다.

여자미 불견자심 각래문오 견여불견
汝自迷 不見自心 却來問吾 見與不見

내가 보는 것은 나 스스로가 아나니

오견자지
吾見自知

어찌 너의 미함을 대신할 수 있겠느냐?

기대여미
豈代汝迷

네가 만약 스스로를 본다고 하여도 나의 미혹은 네가 대신하지 못하느니라.

여약자견 역불대오미
汝若自見 亦不代吾迷

어찌 스스로를 알지 못하고 스스로를 보지 못하면서 나에게 '보고 보지 않음'을 묻는 것이냐?"

何不自知自見 乃問吾見與不見
_{하 부 자 지 자 견   내 문 오 견 여 불 견}

신회는 다시 백여 번 절을 한 다음 허물을 사죄하였
고
神會 再禮百餘拜 求謝過愆
_{신 회   재 례 백 여 배   구 사 과 건}

지성을 다해 조사를 시봉하며 좌우를 떠나지 않았다.
服勤給侍 不離左右
_{복 근 급 시   불 리 좌 우}

어느 날 조사께서 대중에게 이르셨다.　一日 師告衆曰
_{일 일   사 고 중 왈}

"나에게 한 물건이 있으니　　　　　　　　吾有一物
_{오 유 일 물}

머리도 없고 꼬리도 없으며　　　　　　　無頭無尾
_{무 두 무 미}

이름도 없고 글자도 없으며　　　　　　　無名無字
_{무 명 무 자}

뒤도 없고 앞도 없다.　　　　　　　　　無背無面
_{무 배 무 면}

그대들은 알겠는가."　　　　　　　　諸人還識否
_{제 인 환 식 부}

그때 신회가 나와 아뢰었다.　　　　　　神會出曰
_{신 회 출 왈}

"이는 모든 부처님의 본원이요 신회의 불성입니다."
是諸佛之本源 神會之佛性
_{시 제 불 지 본 원   신 회 지 불 성}

조사께서 이르셨다.　　　　　　　　　　師曰
_{사 왈}

"너에게 '이름도 없고 글자도 없다[無名無字]'고 일렀거
_{무 명 무 자}
늘, 너는 문득 '본원이요 불성'이라고 하는구나.
向汝道無名無字 汝便喚作本源佛性
_{향 여 도 무 명 무 자   여 편 환 작 본 원 불 성}

앞으로 네가 한 곳을 관장하는 종사가 될지라도 한
_{宗師}
낱 지해종도(헤아려 아는 이) 밖에 되지 못하리라."
_{知解宗徒}　　　　_{견해로써}
汝向去 有把茆蓋頭 也只成箇知解宗徒
_{여 향 거   유 파 묘 개 두   야 지 성 개 지 해 종 도}

신회는 뒷날 서울로 들어가서 조계의 돈교(頓敎)를 크게 넓혔고, 현종기(顯宗記)를 저술하여 세상에 널리 퍼뜨렸다.

회 후 입 경 락 대 홍 조 계 돈 교 저 현 종 기 행 우 세
會 後入京洛 大弘曹溪頓敎 著顯宗記 行于世

스스로 보라(自見)

조사께서는 여러 종파의 문도들이 나쁜 마음을 품고 조사의 밑으로 모여들어

사 견 제 종 난 문 함 기 악 심
師見諸宗難問 咸起惡心

따져 묻고 비난하는 것을 보시고 이들을 불쌍히 여겨 이르셨다.

다 집 좌 하 민 이 위 왈
多集座下 愍而謂曰

"도를 배우는 이는 일체의 착한 생각과 악한 생각을 다 떠나야 하나니

학 도 지 인 일 체 선 념 악 념 응 당 진 제
學道之人 一切善念惡念 應當盡除

무엇이라는 이름을 붙일 수 없는 것이 바로 자성이요

무 명 가 명 명 어 자 성
無名可名 名於自性

둘이 없는 성품을 진실한 본성이라 하느니라.

무 이 지 성 시 명 실 성
無二之性 是名實性

이 진실한 본성 위에서 일체의 교문이 건립되나니, 너희는 모름지기 문득 스스로를 볼지니라."

어 실 성 상 건 립 일 체 교 문 언 하 변 수 자 견
於實性上 建立一切敎門 言下便須自見

사람들은 이 말씀을 듣고 함께 절을 하면서 스승이 되어주시기를 청하였다.

제 인 문 설 총 개 작 례 청 사 위 사
諸人聞說 總皆作禮 請事爲師

제8 당조징조 唐朝徵詔

당나라 조정에서 초청하다

심요를 주상께 올리다〔心要傳奏〕

신룡 2년(706년) 정월 대보름날, 측천황후와 중종이 조
사께 조서를 보내왔다. 神龍二年上元日 則天中宗詔云

"짐이 도안과 신수 두 대사를 청하여 궁중에서 공양
을 올리며 모든 일을 보살피는 여가에 일승법을 연구
하고자 하였는데 朕 請安秀二師 宮中供養 萬機之暇 每究一乘
두 대사께서 사양하며 추천하였습니다. 二師推讓云
'남방에 계시는 혜능선사는 홍인대사의 의법을 은밀
히 전수받아 부처님의 심인을 전해 받았으니, 그분을
청하여 묻는 것이 좋겠습니다.'
南方有能禪師 密受忍大師衣法 傳佛心印 可請彼問
이에 내시 설간을 보내 조서를 전하며 청합니다.
今遣內侍薛簡 馳詔迎請

원컨대 스님께서는 자비로 살피시어 속히 상경하여
주소서."
願師慈念 速赴上京
^{원 사 자 념 속 부 상 경}

조사께서는 아프다며 사양하고 '숲 속에서 몸을 마치
기를 원한다'는 표를 올렸다.
師上表辭疾 願終林麓
^{사 상 표 사 질 원 종 임 록}

그때 설간이 여쭈었다.
薛簡曰
^{설 간 왈}

"서울의 선덕들은 모두 말합니다.
京城禪德 皆云
^{경 성 선 덕 개 운}

'도를 알려고 하거든 반드시 좌선하여 정을 익혀라. 선
정을 익히지 않고 해탈한다는 것은 있을 수 없는 일이
다.'
欲得會道 必須座禪習定 若不因禪定 而得解脫者 未之有也
^{욕 득 회 도 필 수 좌 선 습 정 야 불 인 선 정 이 득 해 탈 자 미 지 유 야}

조사께서 설하시는 법은 어떠합니까?"
未審師所說法如何
^{미 심 사 소 설 법 여 하}

조사께서 이르셨다.
師曰
^{사 왈}

"도는 마음으로 말미암아 깨닫는 것인데 어찌 앉는
데 있으랴.
道由心悟 豈在坐也
^{도 유 심 오 기 재 좌 야}

금강경에서 이르지 않았더냐?
經云
^{경 운}

'여래께서 만약 오고 가거나 앉고 눕는다고 하면 이
는 삿된 도를 행하는 것이다. 무슨 까닭인가?
如來 若來若去 若坐若臥 是行邪道 何以故
^{여 래 약 래 약 거 약 좌 약 와 시 행 사 도 하 이 고}

여래는 좇아서 오는 바도 없고 좇아서 가는 바도 없
기 때문이니라.'
如來者 無所從來 亦無所去
^{여 래 자 무 소 종 래 역 무 소 거}

생도 없고 멸도 없는 것이 여래의 청정선이요

무생무멸 시여래청정선
無生無滅 是如來淸淨禪

모든 법이 공적한 것이 여래의 청정좌이며

제법공적 시여래청정좌
諸法空寂 是如來淸淨坐

마침내는 증득함도 없거늘 어찌 하물며 앉음일까 보
냐?"

구경무증 기황좌야
究竟無證 豈況坐耶

설간이 청하였다.

간왈
簡曰

"제자가 서울로 돌아가면 주상께서 반드시 물으실 것
이니, 원컨대 조사께서는 자비로써 심요를 가르쳐 주
옵소서.

제자회경 주상필문 원사자비 지시심요
弟子回京 主上必問 願師慈悲 指示心要

제자가 황후와 주상께 전하여 올리고, 도를 배우려는
서울의 모든 이들에게도 전하고자 하옵니다.

전주양궁급경성도학자
傳奏兩宮及京城道學者

마치 하나의 등불로 수천 등의 불을 붙여 어두운 곳
을 모두 밝힘과 같이, 밝히고 밝혀 다함이 없게 하겠
나이다."

비여일등 연백천등 명자개명 명명무진
譬如一燈 然百千燈 冥者皆明 明明無盡

조사께서 이르셨다.

사운
師云

"도에는 밝음과 어둠이 없나니

도무명암
道無明暗

밝음과 어둠은 서로 상대적인 의미를 지닌 것이다.

명암 시대사지의
明暗 是代謝之義

설혹 밝히고 밝혀 다함이 없게 할지라도 역시 다함이
있기 마련이니, 이는 서로 상대하여 그 이름을 세웠기

때문이다.
明明無盡 亦是有盡 相待立名故

유마경에서 이르렀느니라.
淨名經云

'법은 비교할 수 없나니, 상대가 없기 때문이다.'
法無有比 無相待故

설간이 여쭈었다.
簡曰

"밝음은 지혜에 비유되고 번뇌는 어둠에 비유됩니다.
明喩智慧 暗喩煩惱

수도하는 사람이 번뇌를 지혜로 비추어 없애지 않는
다면
修道之人 倘不以智慧 照破煩惱

시작 없는 옛적부터 내려온 생사를 무엇에 의지하여
벗어나리까?"
無始生死 憑何出離

"번뇌가 곧 보리니 둘도 없고 다름도 없느니라
煩惱卽是菩提 無二無別

만약 지혜로써 번뇌를 없앤다고 하면 이승의 견해이
니 양의 수레나 사슴의 수레 근기요
若以智慧 照破煩惱者 此是二乘見解 羊鹿等機

지혜가 높고 근기가 크면 이와 같지가 않느니라."
上智大根 悉不如是

"하면 어떠한 것이 대승의 견해입니까?"
如何是大乘見解

"명과 무명을 범부는 둘로 보지만
明與無明 凡夫見二

지혜로운 이는 그 본성에 둘이 없음을 요달하나니

智者　了達其性無二
둘이 없는 본성이 진실한 본성이니라.　無二之性　卽是實性
진실한 본성은 　實性者
범부에 있어서도 줄어들지 않고 　處凡愚而不減
현성에 있어서도 늘어나지 않으며 　在賢聖而不增
번뇌에 머물러도 산란하지 않고 　住煩惱而不亂
선정에 머물러도 고요하지 않나니 　居禪定而不寂
단멸함도 아니요 영원함도 아니며 　不斷不常
오는 것도 아니요 가는 것도 아니며 　不來不去
중간과 안과 밖에도 있지 않고 　不在中間及其內外
나지도 않고 멸하지도 않느니라. 　不生不滅
본성과 형상이 한결같고 항상 머물러 변천하지 않나
니 　性相如如　常住不遷
이것을 이름하여 '도'라고 하느니라." 　名之曰道
설간이 거듭 여쭈었다. 　簡曰
"조사께서 설하시는 불생불멸과 외도의 불생불멸은
어떻게 다릅니까?" 　師說不生不滅　何異外道
"외도가 말하는 불생불멸이란 　外道所說不生不滅者
생을 그치는 것이 멸이요 멸에서 다시 생이 나타난다
하므로 　將滅止生　以生顯滅
멸은 오히려 멸이 아니요 생한다고 설하나 생하는 것

이 아니니라.

내가 말하는 불생불멸은

滅猶不滅 生說不生
我說不生不滅者

본래 스스로 남이 없으므로 지금 멸도 또한 없느니라.

本自無生 今亦無滅

그러므로 외도와 같지 않도다.

所以不同外道

만약 심요를 알고자 할진대는 다만 일체의 선악을 전혀 헤아리지 말라.

若欲知心要 但一切善惡 都莫思量

자연히 청정한 마음의 본체로 들어가, 매우 맑고 언제나 고요하고 묘한 작용이 항하의 모래알처럼 많으리라."

自然得入淸淨心體 湛然常寂 妙用恒沙

설간이 가르침을 받고 활연히 크게 깨달아 조사께 절하고 감사를 드렸다.

簡蒙指敎 豁然大悟 禮謝表

그리고 대궐로 돌아가 조사의 말씀을 표로 아뢰었고, 그해 9월 3일 황제는 조서를 내려 조사를 찬양하였다.

歸闕 表奏師語 其年九月三日有詔 獎諭師曰

"대사께서 늙고 병들었다 하시며 짐의 청을 사양하였으면서도, 짐을 위해 도를 닦으시니 나라의 복전입니다.

師辭老疾 爲朕修道 國之福田

대사야말로 유마거사가 병을 핑계삼아 비야리에서 대승을 널리 펴고 제불의 마음을 전하고 불이법을 담론

한 것과 같습니다.

사약정명 탁질비야 천양대승 전제불심 담불이법
師若淨名 托疾毘耶 闡揚大乘 傳諸佛心 談不二法

설간으로부터 대사께서 가르쳐주신 여래지견을 전하
여 들었습니다.

如來知見

설간전사 지수여래지견
薛簡傳師 指授如來知見

짐이 선을 쌓은 보람과 숙세에 심은 선근의 인연으로
이 세상에 오신 대사를 만나 상승을 돈오하였으니

上乘　　頓悟

짐 적선여경 숙종선근 치사출세 돈오상승
朕 積善餘慶 宿種善根 値師出世 頓悟上乘

대사의 은혜에 감사드리며 머리 위로 받드옵니다."

감하사은 정대무이
感荷師恩 頂戴無已

그리고는 마납가사와 수정 발우를 하사하였으며

磨納袈裟

병봉마납가사 급수정발
幷奉磨納袈裟 及水晶鉢

소주 자사에게 명하여 절을 중수하고 대사의 옛 거처
에 '국은사'라는 이름을 내렸다.

國恩寺

칙소주자사 수식사우 사사구거 위국은사
勅韶州刺史 修飾寺宇 賜師舊居 爲國恩寺

제9 법문대시 法門對示
법문을 대법으로 보이다

어느 날 조사께서는 제자 법해·지성·법달·신회·지상·지통·지철·지도·법진·법여 등을 불러 이르셨다.

師一日 喚門人法海志誠法達神會智常智通志徹志道法珍法如等曰
<small>사 일 일 환 문 인 법 해 지 성 법 달 신 회 지 상 지 통 지 철 지 도 법 진 법 여 등 왈</small>

"그대들은 여느 사람들과 같지 않으니, 내가 멸도(滅度)한 다음 각각 한 지역의 스승이 될 것이다.

汝等 不同餘人 吾滅度後 各爲一方師
<small>여 등 부 동 여 인 오 멸 도 후 각 위 일 방 사</small>

내 이제 너희에게 법을 설하는 방법을 가르쳐 본래의 근원을 잃지 않게 하리라.

吾今敎汝說法 不失本宗
<small>오 금 교 여 설 법 불 실 본 종</small>

먼저 삼과법문(三科法門)과 삼십육대(三十六對)를 열거하리니

先須擧三科法門 動用三十六對
<small>선 수 거 삼 과 법 문 동 용 삼 십 육 대</small>

나타내고 숨길 때 곧바로 양변(兩邊)(양쪽 가, 양 극단)을 여의고

出沒卽離兩邊
<small>출 몰 즉 리 양 변</small>

일체법을 설할 때 자성을 여의지 말라. 說一切法 莫離自性
<small>설 일 체 법 막 리 자 성</small>

갑자기 어떤 사람이 와서 법을 묻거든 모두 쌍(雙)으로

대법(對法 ^{상대}_{되는 법})을 취하여 오고가는 대화를 나누고

忽有人 問汝法 出語盡雙 皆取對法 來去相因
홀유인 문여법 출어진쌍 개취대법 내거상인

마지막에는 상대되는 두 가지 법〔二法^{이법}〕을 모두 없애어
서 다시는 갈 곳이 없게 하라.

究竟二法盡除 更無去處
구경이법진제 갱무거처

삼과법문三科法門

삼과법문은 음·계·입이다.

三科法門者 陰界入也
삼과법문자 음계입야

음은 오음이니 색·수·상·행·식이 그것이다.

陰是五陰 色受相行識是也
음시오음 색수상행식시야

입은 십이입이니, 밖의 육진인 색·성·향·미·촉·법과
안의 육문인 안·이·비·설·신·의가 그것이다.

入是十二入 外六塵色聲香味觸法 內六門眼耳鼻舌身意 是也
입시십이입 외육진색성향미촉법 내육문안이비설신의 시야

계라 함은 십팔계이니, 육진과 육문과 육식이 그것이
니라.

界是十八界 六塵六門六識 是也
계시십팔계 육진육문육식 시야

자성이 능히 만법을 머금기 때문에 함장식이라 하나
니

自性 能含萬法 名含藏識
자성 능함만법 명함장식

만약 생각으로 헤아리기 시작하면 곧 함장식이 굴러
육식을 내고

若起思量 卽是轉識 生六識
약기사량 즉시전식 생육식

육식이 육문으로 나가 육진을 보느니라. 出六門見六塵
출육문견육진

이와 같이 십팔계는 모두 자성으로부터 일어나는 것

이므로
여시일십팔계 개종자성기용
如是一十八界 皆從自性起用

자성이 삿되면 십팔사(十八邪)가 일어나고
자성약사 기십팔사
自性若邪 起十八邪

자성이 바르면 십팔정(十八正)이 일어나느니라.
자성약정 기십팔정
自性若正 起十八正

만약 악하게 쓰면 중생의 용(用)이요
약악용즉중생용
若惡用卽衆生用

착하게 쓰면 부처님의 용이니라.
선용즉불용
善用卽佛用

대법(對法)

용(用)은 무엇으로 말미암아 이루어지는가?
용유하등
用由何等

자성으로 말미암아 대법(對法)이 있나니
유자성 유대법
由自性 有對法

1) 바깥 경계의 무정물에 5대가 있다.
외경무정 오대
外境無情 五對

① 하늘은 땅과 더불어 대며
천여지대
天與地對

② 해는 달과 더불어 대며
일여월대
日與月對

③ 밝음은 어둠과 더불어 대며
명여암대
明與暗對

④ 음은 양과 더불어 대며
음여양대
陰與陽對

⑤ 물은 불과 더불어 대이니
수여화대
水與火對

이것이 5대이니라.
차시오대야
此是五對也

2) 법의 상(相)과 관련된 말에 12대가 있다.
법상어언 십이대
法相語言 十二對

① 말은 법과 더불어 대요
어여법대
語與法對

② 유는 무와 더불어 대요 有與無對

③ 유색은 무색과 더불어 대요 有色與無色對

④ 유상은 무상과 더불어 대요 有相與無相對

⑤ 유루는 무루와 더불어 대요 有漏與無漏對

⑥ 색은 공과 더불어 대요 色與空對

⑦ 동은 정과 더불어 대요 動與靜對

⑧ 청은 탁과 더불어 대요 清與濁對

⑨ 범부는 성인과 더불어 대요 凡與聖對

⑩ 승은 속과 더불어 대요 僧與俗對

⑪ 늙음은 젊음과 더불어 대요 老與少對

⑫ 큰 것은 작은 것과 더불어 대이니 大對小對

이것이 12대이니라. 此是十二對也

3) 자성이 용을 일으킴에 19대가 있다. 自性起用 十九對

① 긴 것은 짧은 것과 더불어 대요 長與短對

② 삿됨은 바름과 더불어 대요 邪與正對

③ 치는 혜와 더불어 대요 痴與慧對

④ 우는 지와 더불어 대요 愚與智對

⑤ 산란은 정과 더불어 대요 亂與定對

⑥ 계는 그릇됨과 더불어 대요 戒與非對

⑦ 곧음은 굽음과 더불어 대요 直與曲對

⑧ 실은 허와 더불어 대요　　　實與虛對

⑨ 험난은 평탄과 더불어 대요　　險與平對

⑩ 번뇌는 보리와 더불어 대요　　煩惱與菩提對

⑪ 상은 무상과 더불어 대요　　　常與無常對

⑫ 자는 독과 더불어 대요　　　　慈與毒對

⑬ 비는 해와 더불어 대요　　　　悲與害對

⑭ 희는 성냄과 더불어 대요　　　喜與瞋對

⑮ 사는 아낌과 더불어 대요　　　捨與慳對

⑯ 진은 퇴와 더불어 대요　　　　進與退對

⑰ 생은 멸과 더불어 대요　　　　生與滅對

⑱ 법신은 색신과 더불어 대요　　法身與色身對

⑲ 화신은 보신과 더불어 대이니　化身與報身對

이것이 19대이니라.”　　　　　　此是十九對也

조사께서 이르셨다.　　　　　　師言

“만약 이 36대법을 잘 알아서 쓰면 도가 일체의 경법을 꿰뚫을 수 있고　此三十六對法 若解用 卽道貫一切經法

출입을 할 때는 양쪽 가〔兩邊〕를 떠나 자성을 온전히 움직여 쓸 수 있느니라.　出入卽離兩邊 自性動用

또 사람과 이야기할 때는 바깥 상의 상을 떠나고 안쪽 공의 공을 떠날지니　共人語語 外於相離相 內於空離空

온통 상에 집착하게 되면 사견만 자라나고

약 전 착 상 즉 장 사 견
若全着相 卽長邪見

온통 공에 집착하게 되면 무명만 자라나느니라.

약 전 집 공 즉 장 무 명
若全執空 卽長無明

공에 집착하는 사람들은 경을 비방하면서 '문자를 쓰지 않는다'고 하지만

집 공 지 인 유 방 경 직 언 불 용 문 자
執空之人 有謗經 直言不用文字

만약 문자를 쓰지 않는다면 사람과 말을 하는 것도 마땅하지 않나니

기 운 불 용 문 자 인 역 불 합 어 언
旣云不用文字 人亦不合語言

말 또한 문자와 다를 바가 없는 상이기 때문이니라.

지 차 언 어 편 시 문 자 지 상
只此言語 便是文字之相

또 '곧은 도는 문자를 세우지 않는다'고 하나

우 운 직 도 불 립 문 자
又云直道 不立文字

이 세우지 않는다는 '불립' 두 글자도 문자인 것이니

즉 차 불 립 양 자 역 시 문 자
卽此不立兩字 亦是文字

대개 이런 사람은 남이 말하는 것을 보고 '문자에 집착한다〔着文字〕'고 비방하느니라.

견 인 소 설 편 즉 방 타 언 착 문 자
見人所說 便卽謗他 言着文字

마땅히 알아라.

여 등 수 지
汝等須知

스스로 미혹해지는 것은 괜찮지만

자 미 유 가
自迷猶可

어찌 부처님의 경전을 비방하랴.

우 방 불 경
又謗佛經

부질없이 경을 비방하지 말지니

불 요 방 경
不要謗經

비방하면 그 죄장을 헤아릴 수 없느니라.

죄 장 무 수
罪障無數

만약 상^相에 집착하여 밖을 향해 법을 지으면서 참됨을 구하거나

약 착 상 어 외　이 작 법 구 진
若着相於外 而作法求眞

넓은 도량을 세우고 있고 없음의 허물을 말한다면

혹 광 립 도 량　설 유 무 지 과 환
或廣立道場 說有無之過患

이와 같은 사람은 겁을 다 할지라도 견성을 하지 못하느니라."

여 시 지 인　누 겁 불 가 견 성
如是之人 累劫不可見性

법에 의지하라

"다만 법을 듣고 법에 의지하여 수행하라.

단 청 의 법 수 행
但聽依法修行

또한 모든 것을 생각하지 않으면 도의 본성이 막히고 장애가 되느니라.

막 백 물 불 사　이 어 도 성 질 애
莫百物不思 而於道性窒碍

그리고 사람의 설법을 듣지 않고 도를 닦지 않으면 도리어 삿된 생각을 일으키나니

약 청 설 불 수　영 인 반 생 사 념
若聽說不修 令人反生邪念

오로지 법에 의지하여 수행하고 상에 머무름이 없이 법을 베풀도록 하라.

단 의 법 수 행　무 주 상 법 시
但依法修行 無住相法施

너희가 깨달아^{오(悟)} 이에 의지하여 설하고 쓰고 행하고 지으면

여 등 약 오　의 차 설　의 차 용　의 차 행　의 차 작
汝等若悟 依此說 依此用 依此行 依此作

근본 종지를 잃지 않게 되느니라.

즉 불 실 본 종
卽不失本宗

만약 어떤 이가 너희에게 법을 묻되

약 유 인　문 여 의
若有人 問汝義

유^有를 물으면 무^無로써 대하고

문 유　장 무 대
問有 將無對

무를 물으면 유로써 대하며
問無 將有對

범을 물으면 성으로 대하고
問凡 以聖對

성을 물으면 범으로 대하여
問聖 以凡對

두 가지가 서로 인연이 되게 하면 중도를 잃지 않게 되느니라.
二道相因 生中道義

너희는 한 번 물으면 한 번 대하고
汝一問一對

나머지 물음도 하나같이 이에 의지하여 지으면 이치를 잃지 않으리라.
餘問一依此作 卽不失理也

혹 어떤 사람이 '무엇을 어둠이라 하는가?' 하고 물으면 다음과 같이 답하라.
說有人問 何名爲陰 答云

'밝음은 인이요 어둠은 연이니, 밝음이 없어지면 곧 어둠이다.'
明是因 暗是緣 明沒卽暗

이것이 밝음으로써 어둠을 나타내고 어둠으로써 밝음을 나타내는 것이니
以明顯暗 以暗顯明

서로 오고 감으로 인하여 중도의 뜻이 저절로 살아나느니라.
來去相因 成中道義

그러므로 다른 물음에 대해서도 모두 이와 같이 하라.
餘問悉皆如此

너희가 이후에 법을 전할 때에도 마땅히 이와 같이 가르치고 전수하여 종지를 잃지 않도록 할지니라."
汝等 於後傳法 依此迭相敎授 勿失宗旨

제10 부촉유통 付囑流通
유통을 부촉하다

입적入寂 예언

조사께서는 태극(太極) 원년 임자(壬子)(712년)에 문인들로 하여금
신주(新州) 국은사(國恩寺)에 탑을 세울 것을 명하고

師於太極元年壬子七月 命門人 往新州國恩寺建塔

공사를 재촉하여 다음해(713년) 여름에 낙성식을 가졌
다.

仍命促工 次年夏末洛成

그리고 7월 1일에 문도 대중을 모은 다음 이르셨다.

七月一日 集徒衆曰

"8월이 되면 나는 이 세간을 떠나고자 한다.

吾至八月 欲離世間

의심나는 것이 있거든 미리 다 물어라. 汝等有疑 早須相問
너희의 의심을 파하여 미혹이 없게 하리라.

爲汝破疑 令汝迷盡

내가 떠난 뒤에는 너희를 가르칠 사람은 없을 것이

다."

오약거후　무인교여
吾若去後　無人教汝

이 말씀을 듣고 법해(法海) 등 모든 제자가 눈물을 흘리며 울었는데

법해등문　실개체읍
法海等聞　悉皆涕泣

오직 신회(神會)만은 마음이 동하는 기색을 보이지 않았고 울지도 않자 조사께서 이르셨다.

유유신회　부동신정　역무체읍　사왈
惟有神會　不動神精　亦無涕泣　師曰

"신회소사(神會小師)는 선(善)과 불선(不善)에 평등하여 훼방과 칭찬에 동요하지 않고 슬픔과 즐거움을 나타내지 않는구나.

신회소사　각득선불선등　훼예부동　애락불생
神會小師　却得善不善等　毁譽不動　哀樂不生

나머지는 그렇지 못하니 수년 동안 산중에 있으면서 무슨 도를 닦았느냐?

여자부득　수년산중　경수하도
餘者不得　數年在山　竟修何道

너희가 지금 슬퍼하고 우는 것이 누구를 걱정하기 때문인가?

여금비읍　위우아수
汝今悲泣　爲憂阿誰

나의 가는 곳을 알지 못해 근심하는 것이냐?

약우오　부지거처
若憂吾　不知去處

나는 스스로 갈 곳을 잘 아노라.

오자지거처
吾自知去處

내가 만약 갈 곳을 알지 못하였다면 미리 너희에게 알리지 못하였을 것이다.

오약부지거처　종불예보어여
吾若不知去處　終不豫報於汝

너희의 슬픔은 대부분 내가 가는 곳을 알지 못하기 때문이요 가는 곳을 안다면 슬퍼할 까닭이 없나니

여등비읍　개위부지오거처　약지오거처　즉불합비읍
汝等悲泣　盖爲不知吾去處　若知吾去處　卽不合悲泣

법성은 본래 생멸이나 오고 감이 없는 것이다.

^{법 성 본 무 생 멸 거 래}
法性本無生滅去來

너희는 모두 앉아라.

^{여 등 진 좌}
汝等盡坐

내 너희에게 한 게송을 주리니 이름이 진가동정게이다.

^{眞 假 動 靜 偈}

^{오 여 여 등 일 게 명 왈 진 가 동 정 게}
吾與汝等一偈 名曰眞假動靜偈

이 게송을 외우면 나의 뜻과 같아질 것이요, 이에 의지하여 수행하면 종지를 잃지 않게 되느니라."

^{宗 旨}

^{여 등 송 취 차 게 여 오 의 동 의 차 수 행 불 실 종 지}
汝等 誦取此偈 與吾意同 依此修行 不失宗旨

대중들이 절을 하며 게송을 설하여 주실 것을 청하자 게송을 읊으셨다.

^{중 승 작 례 청 사 설 게 게 왈}
衆僧作禮 請師說偈 偈曰

진가동정게 眞假動靜偈

일체에는	참된 것이	있지 않으니	^{일 체 무 유 진} 一切無有眞
어떤 것을	참되다고	봐야하는가	^{불 이 견 어 진} 不以見於眞
모름지기	참된 것을	보았다 하면	^{약 견 어 진 자} 若見於眞者
보았다는	이것 모두	참됨 아닐세	^{시 견 진 비 진} 是見盡非眞
자기에게	만약 진짜	참됨 있다면	^{약 능 자 유 진} 若能自有眞
거짓됨을	모두 떠난	마음 뿐이니	^{이 가 즉 심 진} 離假卽心眞
제 마음이	거짓됨과	함께 한다면	^{자 심 불 리 가} 自心不離假

그 어디에	진짜 참됨	있을 것인가	무진하처진 無眞何處眞
정이 있는	존재들은	움직이지만	유정즉해동 有情卽解動
정이 없는	존재들은	부동하나니	무정즉부동 無情卽不動
누군가가	부동행을	닦는다하면	약수부동행 若修不動行
무정물의	부동함과	같을 뿐이다	동무정부동 同無情不動
만약 참된	동함 없음	찾고자 하면	약멱진부동 若覓眞不動
동함 속의	부동함을	깨달을지니	동상유부동 動上有不動
움직이지	않는 것이	부동이라면	부동시부동 不動是不動
무정물에	부처 종자	어찌 없겠나	무정무불종 無情無佛種
능히 모든	상들을 잘	분별하여도	능선분별상 能善分別相
第一義 제일의는	어느 때나	부동하나니	제일의부동 第一義不動
이와 같이	생각하고	닦아 행하면	단작여차견 但作如此見
이것이 곧	진여자성	작용이니라	즉시진여용 卽是眞如用
도 배우는	이들에게	내 이르노니	보제학도인 報諸學道人
모름지기	이 점 깊이	주의하여서	노력수용의 努力須用意
크고 넓은	저 대승의	문에 들어가	막어대승문 莫於大乘門
나고 죽는	지혜 속에	걸리지 말라	각집생사지 却執生死智

만약 지금	이 말뜻과	서로 응하면	약언하상응 若言下相應
우리 함께	부처님 뜻	논하려니와	즉공론불의 卽共論佛義
아직까지	미처 이해	되지 않거든	약실불상응 若實不相應
합장하고	환희하며	힘써 닦아라	합장영환희 合掌令歡喜

이 宗에는	본래부터	다툼 없나니	차종본무쟁 此宗本無諍
다투면 곧	도의 뜻을	잃어버리고	쟁즉실도의 諍卽失道義
법의 문에	집착하여	그릇 다투면	집역쟁법문 執逆諍法門
자성 바로	생사 속에	들어가노라	자성입생사 自性入生死

게송을 들은 문도와 대중들은 모두 일어나서 절을 하고 함께 조사의 뜻을 받들었으며

시도중 문설게이 보개작례 병체사의
時徒衆 聞說偈已 普皆作禮 幷體師意

각기 마음을 가다듬고 법에 의지하여 수행하였으므로 감히 다투는 일이 일어나지 않았다.

각각섭수 의법수행 갱불감쟁
各各攝心 依法修行 更不敢諍

일상삼매—相三昧와 일행삼매—行三昧

이어 대사께서 세상에 머무심이 얼마 남지 않았음을 안 상좌 법해가 거듭 절을 하며 여쭈었다.
上座 法海

乃知大師 不久住世 法海上座 再拜問曰

"화상께서 입멸(入滅)하신 다음, 법의(法衣)와 법은 누구에게 부촉

하옵니까?"

和尚入滅之後 衣法當付何人

"내가 대범사(大梵寺)에서 시작하여 지금에 이르기까지 설법을

한 초록(抄錄)이 유행하고 있으니

吾於大梵寺說法 以至于今 抄錄流行

너희는 잘 수호하고 서로 전수하여 중생들을 널리 제

도하라.

汝等守護 遞相傳授 度諸群生

오로지 이 설법에 의지하면 정법(正法)이라 이름하리라.

但依此說 是名正法

지금 내가 너희를 위하여 법은 설하면서도 법의를 전

하지 않는 것은

今爲汝等說法 不付其衣

너희의 신근(信根)이 순박하고 무르익어서

蓋爲汝等 信根淳熟

결정코 의심이 없고 큰 일을 감당할 만하기 때문이니

라.

決定無疑 堪任大事

그리고 선조이신 달마대사께서 부촉하신 게송에 의하

더라도 법의는 전하지 않는 것이 옳으니라.

然 據先祖達磨大師 付授偈意 衣不合傳

그 게송은 이러하다.

偈曰

내가 본래 이 땅으로 오게 된 것은

吾本來玆土

법 전하여 미한 중생을 구함이니　傳法救迷情

한 꽃에 다섯 잎이 피어나게 되면　一花開五葉

결과는 자연스레 이루어지노라　結果自然成

대사께서 다시 이르셨다.　師復曰

"그대들이 만약 여러 가지 지혜[種智]를 성취하기를 바
란다면　汝等 若欲成就種智

모름지기 일상삼매와 일행삼매를 통달할지니라.
須達一相三昧 一行三昧

어느 곳에서나 마음이 상에 머물지 않고
若於一切處 而不住相

그 상에 대해 미워하거나 사랑하지 않고 취함도 버림
도 없으며　於彼相中 不生憎愛 亦無取捨

이익·이룸·무너짐 등을 생각하지 아니하면
不念利益成壞等事

편안하고 고요하여 허공처럼 원융하고 담백하게 되나
니　安閑恬靜 虛融澹泊

이것을 이름하여 일상삼매라 하느니라.　此名一相三昧

또한 어느 곳에서나　於一切處

가고 머물고 앉고 누움에 마음이 한결같고 곧으면
行住坐臥 純一直心

도량을 옮기지 않고 참된 정토를 이루게 되나니

부 동 도 량 진 성 정 토
不動道場 眞成淨土

이것을 이름하여 일행삼매라 하느니라

차 명 일 행 삼 매
此名一行三昧

어떤 이가 이 두 가지 삼매를 갖추면

약 인 구 이 삼 매
若人 具二三昧

마치 땅이 뿌린 씨를 잘 간직하고 오래 길러 열매를
성숙시킴과 같으니라.

여 지 유 종 함 장 장 양 성 숙 기 실
如地有種 含藏長養 成熟其實

일상삼매와 일행삼매에 대한 나의 설법 또한 이와 같
나니

일 상 일 행 역 부 여 시 아 금 설 법
一相一行 亦復如是 我今說法

마치 비를 내려 대지를 윤택하게 함과 같고

유 여 시 우 보 윤 대 지
猶如時雨 普潤大地

너희의 불성은 비유컨대 씨앗들이 흡족한 비를 만나
모두 싹을 틔우는 것과 같으니라.

여 등 불 성 비 제 종 자 우 자 점 흡 실 득 발 생
汝等佛性 譬諸種子 遇玆霑洽 悉得發生

그러므로 나의 뜻을 이어받으면 반드시 보리를 얻고
나의 행을 의지하면 반드시 묘과를 증득하리라.

보 리
菩提

묘 과
妙果

승 오 지 자 결 획 보 리 의 오 행 자 정 증 묘 과
承吾旨者 決獲菩提 依吾行者 定證妙果

나의 게송을 들어라."

청 오 게
聽吾偈

마음 땅이 씨앗들을 머금고 있기에

심 지 함 제 종
心地含諸種

널리 비를 내리면 모두가 싹이 나고

보 우 실 개 명
普雨悉皆萌

문득 꽃의 마음을 깨달아 마치니

돈 오 화 정 이
頓悟花情已

보리의 열매가 스스로 익는구나 菩提果自成

조사께서 게송을 설하시고 다시 이르셨다. 師說偈已曰

"이 법은 둘이 없으니 其法無二

그 마음 또한 둘이 없고 其心亦然

이 도는 청정하여 其道清淨

어떠한 상도 없도다. 亦無諸相

부디 삼갈지니 고요함을 관하거나 마음을 비우려 하지 말라. 愼勿觀靜及空其心

이 마음은 본래 청정하여 가히 취하거나 버릴 수 없다. 此心本淨 無可取捨

각자 노력하고 인연따라 잘 가거라." 各自努力 隨緣好去

이에 대중들이 예를 올리고 물러갔다. 爾時徒衆 作禮而退

칠불七佛과 삼십삼조사三十三祖師

7월 8일 조사께서는 홀연히 문인들에게 이르셨다.
大師 七月八日 忽謂門人曰

"신주로 돌아가리라. 속히 배와 돛대를 준비하라."
吾欲歸神州 汝等 速理舟楫

대중들이 슬퍼하며 매우 강하게 만류하자 다시 이르

셨다.

大衆 哀留甚堅 師曰
_{대중 애유심견 사왈}

"부처님들께서는 이 세상에 오셨다가 오히려 열반을 보였으니

諸佛出現 猶示涅槃
_{제불출현 유시열반}

옴이 있으면 반드시 가는 것이 당연한 이치이며

有來必去 理亦常然
_{유래필거 이역상연}

나의 이 몸도 반드시 돌아갈 곳이 있느니라."

吾此形骸 歸必有所
_{오차형해 귀필유소}

대중이 여쭈었다.

衆曰
_{중왈}

"조사께서 이제 가시면 언제 다시 돌아오십니까?"

師從此去 早晚可回
_{사종차거 조만가회}

"잎이 떨어져 뿌리로 돌아가니, 돌아올 때는 입이 없느니라."

葉落歸根 來時無口
_{엽락귀근 래시무구}

"정법안장은 누구에게 전하여 부촉하십니까?"

正法眼藏 傳付何人
_{정법안장 전부하인}

"도 있는 자는 얻고 무심한 자는 통하느니라."

有道者得 無心者通
_{유도자득 무심자통}

"후에 난이 없겠습니까?"

後莫有難否
_{후막유난부}

"내가 입적한 뒤 30년이 지나면 마땅히 한 사람이 와서 내 머리를 가져가려 하리니, 내 예언을 들어라.

吾滅後五六年 當有一人 來取吾首 聽吾記
_{오멸후오육년 당유일인 내취오수 청오기}

머리 위로 어버이를 봉양하고 　頭上養親

입 속의 밥을 구하는지라 　口裡須飧

만(滿)의 난을 만날 때 　遇滿之難

버드나무가 관(官)이 되리라 　楊柳爲官

그리고 다시 이르셨다. 　又云

"내가 간 뒤 70년이 지나면 두 보살이 동방에서 올 것이니, 한 사람은 출가인이요 한 사람은 재가인이다.

吾去七十年 有二菩薩 從東方來 一出家 一在家

두 보살이 동시에 교화하여 나의 종(宗)을 크게 떨치고, 가람을 세우고 많은 법제자들을 배출하여 흥왕하리라."

同時興化 建立吾宗 締緝伽藍 昌隆法嗣

또 여쭈었다. 　問曰

"위로 불조(佛祖)께서 이 세상에 응현(應現)하신 이래로 몇 대를 전수하였나이까?

未知從上佛祖 應現以來 傳授幾代

원컨대 자세히 가르쳐 주옵소서." 　願垂開示

"옛부터 세간에 응현하신 부처님들은 수없이 많아 가히 헤아릴 수 없지만

古佛應世 已無數量 不可計也

이제 칠불(七佛)을 시작으로 삼아 말하리라. 　今以七佛爲始

과거 장엄겁의 비바시불·시기불·비사부불과

過去莊嚴劫 毘婆尸佛·尸棄佛·毘舍浮佛

현재 현겁의 구류손불·구나함모니불·가섭불·석가모니불이

今賢劫 拘留孫佛·拘那含牟尼佛·迦葉佛·釋迦文佛

바로 칠불이니라.

是爲七佛

석가모니불께서는 첫 번째로

釋迦文佛首

마하가섭존자에게 전하셨으며

傳摩訶迦葉尊者

제2조는 아난존자요

第二 阿難尊者

제3조는 상나화수존자요

第三 商那和修尊者

제4조는 우바국다존자요

第四 優波鞠多尊者

제5조는 제다가존자요

第五 提多迦尊者

제6조는 미차가존자요

第六 彌遮迦尊者

제7조는 바수밀다존자요

第七 婆須密多尊者

제8조는 불타난제존자요

第八 佛馱難提尊者

제9조는 복타밀다존자요

第九 伏馱密多尊者

제10조는 협존자요

第十 脇尊者

제11조는 부나야사존자요

第十一 富那夜奢尊者

제12조는 마명대사요

十二 馬鳴大士

제13조는 가비마라존자요

十三 迦毘摩羅尊者

제14조는 용수대사요

十四 龍樹大士

제15조는 가나제바존자요

十五 迦那提婆尊者

제16조는 라후라다존자요

第十六 羅睺羅多尊者

제17조는 승가난제존자요

十七 僧伽難提尊者

제18조는 가야사다존자요
十八 伽倻舍多尊者

제19조는 구마라다존자요
十九 鳩摩羅多尊者

제20조는 사야다존자요
二十 闍耶多尊者

제21조는 바수반두존자요
二十一 婆修般頭尊者

제22조는 마나라존자요
二十二 摩拏羅尊者

제23조는 학륵나존자요
二十三 鶴勒那尊者

제24조는 사자존자요
二十四 師子尊者

제25조는 바사사다존자요
二十五 婆舍斯多尊者

제26조는 불여밀다존자요
二十六 不如蜜多尊者

제27조는 반야다라존자요
二十七 般若多羅尊者

제28조는 보리달마존자니
二十八 菩提達摩尊者

　　　　이 땅의 초조요
此土 是爲初祖

제29조는 혜가대사요
二十九 慧可大師

제30조는 승찬대사요
三十 僧璨大師

제31조는 도신대사요
三十一 道信大師

제32조는 홍인대사요
三十二 弘忍大師

혜능은 제33조가 되느니라.
惠能 是爲三十三祖

위에서부터 모든 조사가 각각 받아 이었으니
從上諸祖 各有稟承

너희도 향후에 서로 전하여 끊어짐이 없게 하고 어기거나 그르치지 말지어다."
汝等向後 遞代流傳 毋令乖悞

마지막 법문

대사께서는 개원 원년 계축년(713년) 8월 3일에 국은사에서 공양을 마치고 문도 대중들에게 이르셨다.

大師 開元元年癸丑歲八月三日 於國恩寺 齋罷 謂諸徒衆曰

"너희는 각자의 자리에 앉아라. 내 이제 너희들과 작별을 하고자 하노라."

汝等 各依位坐 吾與汝別

그때 법해가 여쭈었다.

法海白言

"화상께서는 어떤 교법을 남겨 후대의 미한 사람들로 하여금 불성을 보게 하십니까?"

和尚 留何教法 令後代迷人 得見佛性

대사께서 이르셨다.

師言

"너희는 자세히 들어라.

汝等諦聽

후대에 미혹한 사람이 만약 중생을 알면 이것이 곧 불성이요

後代迷人 若識衆生 卽是佛性

만약 중생을 알지 못하면 만겁 동안 찾아도 부처를 만나기 어려우니라.

若不識衆生 萬劫覓佛難逢

나는 지금 그대들로 하여금 자심 중생을 알아서 자심 불성을 보게 하나니

吾今敎汝 識自心衆生 見自心佛性

부처를 보기를 바란다면 오로지 중생을 알아야 하느니라.

欲求見佛 但識衆生

단지 중생이 부처에 대해 미했을 뿐
부처가 중생을 미하게 한 것 아니다.

지위중생미불
只爲衆生迷佛

비시불미중생
非是佛迷衆生

자성을 깨달으면 중생이 곧 부처요
자성을 미하면 부처가 중생이며
자성이 평등하면 중생이 부처요
자성이 험악하면 부처가 중생이니라.
너희의 마음이 험하고 굽게 되면
부처가 중생 속에 있게 되고
한 생각 평등하고 곧으면
중생이 부처를 이룸이로다.

자성약오 중생시불
自性若悟 衆生是佛

자성약미 불시중생
自性若迷 佛是衆生

자성평등 중생시불
自性平等 衆生是佛

자성사험 불시중생
自性邪險 佛是衆生

여등심고험곡
汝等心苦險曲

즉불재중생중
卽佛在衆生中

일념평직
一念平直

즉시중생성불
卽是衆生成佛

내 마음에 자기 부처가 있나니
이 자기 부처가 참된 부처니라
자기에게 만약 불심이 없다면
어디에서 참된 부처를 구하리오

아심자유불
我心自有佛

자불시진불
自佛是眞佛

자약무불심
自若無佛心

하처구진불
何處求眞佛

너희의 자심이 바로 부처이니 다시는 의심하지 말라.

여등자심시불 갱막고의
汝等自心是佛 更莫孤疑

밖에서는 결코 한 물건도 세울 수 없나니

외무일물 이능건립
外無一物 而能建立

만 가지의 법은 모두 본심이 내는 것이니라.

^{개 시 본 심 생 만 종 법}
皆是本心 生萬種法

그러므로 화엄경에서 이르셨느니라.

^{고 경 운}
故經云

'마음이 생하면 갖가지 법이 생겨나고

^{심 생 종 종 법 생}
心生種種法生

마음이 멸하면 갖가지 법이 없어진다.'

^{심 멸 종 종 법 멸}
心滅種種法滅

내 이제 한 게송을 남기고 그대들과 작별하리니, 이름
이 ^{자 성 진 불 게}자성진불게이니라.

^{오 금 유 일 게 여 여 등 별 명 자 성 진 불 게}
吾今留一偈 與汝等別 名自性眞佛偈

후대 사람이 이 게송의 뜻을 알면 본심을 스스로 보
아 불도를 이루리라."

^{후 대 지 인 식 차 게 의 자 견 본 심 자 성 불 도}
後代之人 識此偈意 自見本心 自性佛道

자성진불게自性眞佛偈

한결같이	참된 자성	바로 나의	참 부처요	진 여 자 성 시 진 불 眞如自性是眞佛
사견들과	삼독심이	마구니의	왕일러니	사 견 삼 독 시 마 왕 邪見三毒是魔王
삿되고도	미할 때는	마가 집에	있음이요	사 미 지 시 마 재 사 邪迷之時魔在舍
정견으로	살 때에는	부처님이	계심일세	정 견 지 시 불 재 당 正見之時佛在堂
본성 중에	사견들과	삼독심이	일어나면	성 중 사 견 삼 독 생 性中邪見三毒生
마의 왕이	집 안으로	들어오고	있음이요	즉 시 마 왕 래 주 사 卽時魔王來住舍
정견으로	스스로의	삼독심을	없앨지면	정 견 자 제 삼 독 심 正見自除三毒心

마가 변해 부처 되니 참다움만 가득하네 魔變成佛眞無假

법신이여 보신이여 그리고 또 화신이여 法身報身及化身

이 세가지 삼신불은 본래부터 한 몸이니 三身本來是一身

본성 속을 향하여서 스스로를 돌아보면 若向性中能自見

이것이 곧 성불하는 무상보리 인이니라 卽是成佛菩提因

화신불을 좇아가면 맑은 본성 나타나니 本從化身生淨性

맑은 본성 어느 때나 화신 속에 있느니라 淨性常在化身中

내 본성이 화신 시켜 바른길로 가게 하면 性使化身行正道

앞으로도 원만하여 참다움이 무궁하다 當來圓滿眞無窮

음란함도 본래 맑은 내 본성에 인연하니 淫性本是淨性因

음란함만 제거하면 바로 맑은 본성일세 除淫卽是淨性身

본성 보며 스스로가 오욕락을 떠날지면 性中各自離五欲

견성하는 그 찰나에 즉시 참됨 이루노라 見性刹那卽是眞

만약 지금 이 생에서 돈교문과 함께 하여 今生若遇頓敎門

제 본성을 깨달으면 부처님을 보려니와 忽悟自性見世尊

수행하여 부처됨을 찾겠다고 고집하면 若欲修行覓作佛

어디에서 참된 부처 구할 수가 있으리요 不知何處擬求眞

만약 자기 마음속의　참다움을　능히 살펴 　若能心中自見眞

참다움이　있음 알면 성불하는　인이 되고 　有眞卽是成佛因

자기 본성 보지 않고 바깥에서　부처 찾아 　不見自性外覓佛

마음 불러 일으키면 대치인이　바로 너다 　起心總是大癡人

*대치인 : 크게 어리석은 사람

내가 지금　돈교 법문　여기에다　남기노니 　頓教法門今己留

스스로가　힘써 닦고 세상 사람 제도하리 　救度世人須自修

앞으로도　도를 배울 너희에게　이르노니 　報汝當來學道者

헛된 견해 짓지 말라 유유하고 태연하다 　不作此見大悠悠

멸도減度

조사께서는 게송을 설하시고 또 이르셨다. 師說偈已告曰

"너희들이여, 잘 있거라. 　汝等好住

내가 멸도한 후에 세상 인정에 따르지 말지니

吾滅度後　莫作世情

슬피 울고 눈물을 흘리거나 조문을 받거나 상복을 입

거나 하면 　悲泣雨淚　受人弔問　身着孝服

나의 제자가 아니요 정법이 아니니라. 非吾弟子　亦非正法

다만 스스로 본심을 알고 　但識自本心

자기의 본성을 보면 　見自本性

동함도 없고 고요함도 없고　　　　　　　　　　무 동 무 정
　　　　　　　　　　　　　　　　　　　　　　無動無靜

남도 없고 멸함도 없고　　　　　　　　　　　　무 생 무 멸
　　　　　　　　　　　　　　　　　　　　　　無生無滅

감도 없고 옴도 없고　　　　　　　　　　　　　무 거 무 래
　　　　　　　　　　　　　　　　　　　　　　無去無來

옳음도 없고 그릇됨도 없고　　　　　　　　　　무 시 무 비
　　　　　　　　　　　　　　　　　　　　　　無是無非

머무름도 없고 떠남도 없느니라.　　　　　　　무 주 무 왕
　　　　　　　　　　　　　　　　　　　　　　無住無往

너희의 마음이 미혹하여 나의 뜻을 알지 못할까 염려
되는지라　　　　　　　　　　공 여 등 심 미　불 회 오 의
　　　　　　　　　　　　　　恐汝等心迷　不會吾意

지금 다시 부촉하여 너희로 하여금 본성을 보게 하는
것이니　　　　　　　　　　　금 재 촉 여　영 여 견 성
　　　　　　　　　　　　　　今再囑汝　令汝見性

내가 멸도한 다음 이에 의지하여 수행하면 내가 있을
때와 같겠지만　　　　　오 멸 도 후　의 차 수 행　여 오 재 일
　　　　　　　　　　　　吾滅度後　依此修行　如吾在日

나의 가르침을 어긴다면 비록 내가 세상에 있다 하더라
도 아무런 이익이 없느니라."　약 위 오 교　종 오 재 세　역 무 유 익
　　　　　　　　　　　　　　若違吾敎　縱吾在世　亦無有益

그리고 다시 게송으로 설하셨다.　　　　　　　부 설 게
　　　　　　　　　　　　　　　　　　　　　　復說偈

　　흔들림없이 선도 닦지 않고　　　　　　올 올 불 수 선
　　　　　　　　　　　　　　　　　　　　兀兀不修善

　　놓고 지내며 악도 짓지 않으면　　　　　등 등 부 조 악
　　　　　　　　　　　　　　　　　　　　騰騰不造惡

　　적적하여 보고 들음이 끊어지고　　　　　적 적 단 견 문
　　　　　　　　　　　　　　　　　　　　寂寂斷見聞

　　탕탕하여 마음에 집착이 없도다　　　　　탕 탕 심 무 착
　　　　　　　　　　　　　　　　　　　　蕩蕩心無着

조사께서 이 게송을 설하시고 단정히 앉아 계시다가

삼경이 되자 홀연히 문인에게 이르셨다.

사 설 게 이　단 좌 지 삼 경　홀 위 문 인 왈
師說偈已　端坐至三更　忽謂門人曰

"나는 간다."

오 행 의
吾行矣

그리고 훌쩍 천화하셨다.

엄 연 천 화
奄然遷化

遷化

이때 기이한 향기가 방안에 가득하고 흰 무지개가 땅에까지 이르렀으며

우 시　이 향 만 실　백 홍 속 지
于時　異香滿室　白虹屬地

숲의 나무들이 흰색으로 변하고 새와 짐승들이 슬피 울었다.

임 목 변 백　금 수 애 명
林木變白　禽獸哀鳴

11월에 광주·소주·신주 3군의 관료와 문인과 신도들이

십 일 월　광 소 신 삼 군 관 료　계 문 인 치 백
十一月　廣韶新三郡官僚　洎門人緇白

서로 진신을 모셔 가려고 다투어 결정을 짓지 못하였으므로

쟁 영 진 신　막 결 소 지
爭迎眞身　莫決所之

眞身

마침내 향을 피우고 기도하였다.

내 분 향 도 왈
乃焚香禱曰

"조사께서 돌아가실 곳을 향 연기로 가리키소서."

향 연 지 처　사 소 귀 언
香煙指處　師所貴焉

그러자 향 연기가 조계로 뻗쳐 나갔다.

시 향 연　직 관 조 계
時香煙　直貫曹溪

11월 13일, 신감과 전해져 내려온 의발을 조계의 보림사로 옮겼다.

십 일 월 십 삼 일　천 신 감　병 소 전 의 발 이 회
十一月十三日　遷神龕　併所傳衣鉢而回

神龕　衣鉢

이듬해 7월 25일에 진신을 신감에서 꺼내어 제자

방변이 향기로운 진흙을 바르고
次年七月二十五日 出龕 弟子方辯 以香泥上之

문인들이 '머리를 취해 간다'는 예언을 생각하여 철엽과 칠포로 조사의 목을 단단히 싸서 탑에 모셨다.
門人 憶念取首之記 遂先以鐵葉漆布 固護師頸入塔

그때 탑 속에서 흰 광명이 곧바로 하늘로 뻗쳐 올랐다가 3일만에 비로소 흩어졌다.
忽於塔內 白光出現 直上衝天 三日始散

소주 자사는 이 사실을 조정에 아뢰었고
韶州奏聞
칙명을 받들어 비를 세우고 조사의 도행을 기록하였다.
奉勅立碑 記師道行

조사의 춘추는 76세였으니, 24세에 의발을 받으셨고, 39세에 머리를 깎았으며, 법을 설하여 중생을 이익되게 하신 기간은 37년이었다.
師春秋 七十有六 年二十四傳衣 三十九祝髮 說法利生 三十七載

종지를 얻어 법을 이은 제자는 43인이요, 도를 깨달아 범부의 자리를 넘어선 이는 그 수를 알 수가 없다.
得旨嗣法者 四十三人 悟道超凡者 莫知其數

달마조사께서 전하신 신의와 중종이 하사한 마납가사와 보발, 방변이 만든 조사의 진상과 도구 등은
達摩所傳信衣 中宗賜磨衲寶鉢 乃方辯塑師眞相 幷道具等

탑을 주관하는 시자가 맡아 길이 보림도량에 갈무리 하였고

主塔侍者尸之 永鎮寶林道場

육조의 단경을 유저시켜 종지를 나타내고 삼보를 크게 일으켰으며 중생을 널리 이롭게 하였다.

流傳壇經 以顯宗旨 興隆三寶 普利群生者

〈덕이본 육조단경 끝〉

한글 큰활자본 기도 독송용 경전 (책 크기 4×6배판)

법화경 / 김현준 역   4×6배판   (양장본) 1책 520쪽 25,000원 / (무선제본) 전3책 550쪽 22,000원

불교 최고 경전인 법화경을 독송하면 소원성취는 물론 깨달음과 경제적인 풍요까지 안겨줍니다.

법화경을 독송하고 사경하면 부처님과 대우주법계의 한량없는 가피가 저절로 찾아들어 업장소멸은 물론이요 갖가지 소원을 두루 성취할 수 있습니다. 특히 밝은 지혜를 얻고 크게 향상하게 되며 경제적인 풍요와 사업의 번창, 시험의 힙격 및 승진이 쉬워지고 가족 모두가 평온하고 복된 삶을 누리며, 병한 재난 가난 등 현실의 괴로움이 소멸되고 부모 친척 등의 영가가 잘 천도되며 구하는 바가 뜻과 같이 이루어집니다.

지장경 / 김현준 편역   4×6배판 208쪽 8,000원

지장기도를 하는 분들을 위해 ① 지장경을 처음부터 끝까지 1번 독송 ② '나무지장보살'을 천번염송 ③ 지장보살예찬문을 외우며 158배, ④ '지장보살'천번 염송의 4부로 나누어 특별히 만들었습니다.
지장경 독경 및 지장보살예참과 염불을 할 때, 각 장 앞에 제시된 기도법에 따라 기도를 하게 되면, 지장보살의 가피 속에서 틀림없이 영가천도 · 업장소멸 · 소원성취 · 향상된 삶을 이룩할 수 있게 됩니다.

금강경 / 우룡스님 역   112쪽 5,000원
책 크기만큼 글씨도 크게 하고 한자 원문도 수록하였으며, 독송에 관한 법문도 첨부하였습니다. 사찰 및 가정에서의 독송용으로 매우 좋습니다.

유마경 / 김현준 역   296쪽 12,000원
보살의 병은 어디서 오는가? 불도란 어떤 것인가? 깨달음의 세계로 들어가는 불이법문, 참된 불국토를 건설하는 방법 등등 매우 소중한 가르침들을 가득 담고 있으며, 읽다보면 눈이 번쩍 뜨이고 마음이 탁 트입니다.

승만경 / 김현준 편역   144쪽 6,000원
여인의 성불 수기와 함께 승만부인의 서원, 정법 · 번뇌 · 법신 · 일승 · 사성제 · 자성청정심 · 여래장사상 등을 분명히 밝힌 주옥같은 경전.(한글 한문 대조본)

원각경 / 김현준 편역   192쪽 8,000원
한국불교 근본 경전 중 하나로, 중생이 부처가 되려면 어떻게 해야하는지를 12보살과의 문답을 통해 설한 경전으로 쉽게 번역 하였습니다. (한글 한문 대조본)

밀린다왕문경 / 김현준 편역 신국판 204쪽 7,000원
그리스 왕인 밀린다와 불교 승려인 나가세나가 인생과 불교에 대해 대론한 것을 정리한 경전으로 신심을 크게 불러일으킵니다.

자비도량참법 / 김현준 역   양장본 528쪽 25,000원
나의 죄업 참회에서 시작하여 부모 친척 등 온 법계 중생의 업장과 무명까지 모두 소멸시켜주며, 자비가 충만하여지고 환희심이 넘쳐나게 됩니다.

아미타경 / 김현준 편역   92쪽 4,000원
아주 큰 활자 번역본으로, 독경 및 '나무아미타불' 염불 방법을 함께 실었습니다. 사찰에서 대중이 함께 독송할 때 또는 집에서 독송할 때 매우 유용합니다.

무량수경 / 김현준 역   176쪽 7,000원
아미타불은 어떠한 분이며, 극락에는 어떠한 장엄과 멋과 행복이 갖추어져 있는가? 극락에 왕생하려면 이 현생에서 어떠한 삶을 살아야 하는가를 자상하게 묘사하고 있어, 독송을 하면 신심이 저절로 우러납니다.

약사경 / 김현준 편역   100쪽 4,000원
아주 큰 활자로 약사경 한글 번역본을 만들었습니다. 약사경 독경 방법 및 약사염불법도 함께 실어 기도에 도움이 되도록 하였습니다.

관음경 / 우룡스님 역   96쪽 4,000원
커다란 글씨의 관음경 해설과 함께 관음경의 원문과 독송법, 관음 염불 방법 등을 수록하여 관음경의 가르침을 쉽게 이해하도록 하였습니다.

보현행원품 / 김현준 편역   112쪽 5,000원
보현행원품과 예불대참회문을 함께 실어 독경 후 행원품에 근거한 전통적인 108배를 행할 수 있도록 만들었으며, 대참회의 의미도 상세히 설명하였습니다.

천지팔양신주경 / 김현준 편역   96쪽 4,000원
옛부터 결혼 · 출산 · 사업 · 죽음 등 평생의 삶 중에서 중요한 때마다 이 경을 독송하면 크게 길하고 이롭고 장수하고 복덕을 갖추게 된다고 전해지고 있습니다.

아름다운 우리말 경전 (책 크기 휴대용 국반판)

·금강경	명쾌한 금강경 풀이와 함께 금강경의 근본 가르침을 함께 수록한 책	우룡스님 역	100쪽	2,500원
·아미타경	한글 번역과 함께 독송하는 방법과 아미타불 염불법에 대해 설한 책	김현준 역	100쪽	2,500원
·약사경	한글 번역과 함께 약사기도법과 약사염불법에 대해 자세히 설한 책	김현준 편역	100쪽	2,500원
·관음경	관음경의 번역과 함께 관음기도와 관음염불법에 대해 자세히 설한 책	우룡스님 역	100쪽	2,500원
·지장경	편안하고 쉬운 번역과 함께 지장기도법을 간략히 설한 책	김현준 역	196쪽	4,000원
·부모은중경	부모님의 은혜를 느끼며 기도를 할 수 있게 엮은 책	김현준 역	100쪽	2,500원
·보현행원품	보현보살의 십대원을 중심으로 설하여 참된 보살의 길로 이끌어주는 책	김현준 편역	100쪽	2,500원
·초발심자경문	신심을 굳건히 하고 수행에 대한 마음을 불러일으키게끔 하는 책	일타스님 역	100쪽	2,500원
·법요집	법회와 수행 시에 필요한 각종 의식문, 좋은 몇 편의 글들을 수록한 책	불교신행연구원 편	100쪽	2,500원